Y.5032

1233—1234

# LES
# VERS HEROIQVES
## DV SIEVR
## TRISTAN LHERMITE.

## A PARIS,

Se vendent chez l'Autheur aux Marests du Temple, ruë Neufue Saint Claude, à la maison de Monsieur MICHAVLT.

Chez
{ IEAN BAPTISTE LOYSON, dans la Salle Dauphine du Palais, à la Croix d'Or.
ET
NICOLAS PORTIER, proche le Puits Certain, à l'Image Sainte Catherine. }

M. DC. XLVIII.
*AVEC PRIVILEGE DV ROY.*

# A MONSIEVR,
## MONSIEVR LE COMTE
# DE SAINT AIGNAN.

ONSIEVR,

*Je m'aquite de la promesse que j'ay faite à vostre merite: & vous envoye des VERS qui soûtiendroient hautement leur titre, s'ils estoient aussi HEROIQVES que vos actions ; & si leur éclat pouuoit répondre en*

# EPISTRE.

quelque façon, à la splendeur de vostre vie. Mais vous vous estes conduit au Temple de la Gloire, auec tant de pompe, qu'il est dificile à ceux qui trauaillent pour l'immortalité, de vous y pouuoir éleuer des statuës assez magnifiques. C'est vne raison, MONSIEVR, capable de vous faire excuser la plus grande partie de ces Ouurages. Ie confesse qu'ils ne peuuent meriter que la loüange de ces belles temeritez, dont la disgrace n'est pas honteuse. Il s'y peut treuuer d'assez grands Tableaux pour l'ordonnance & la hardiesse des coups de Pinceau; mais qui ne sont pas finis auec toute la patience qui seroit necessaire à leur beauté. Et ce sont des fautes que l'on pourroit imputer à mes mauuaises auantures, aussi tost qu'à ma negligence. A peine les plus renommez de ceux qui se mêlent d'écrire, auroient-ils fait des Chef-d'œuures plus acheuez; s'ils auoient eu des mécontentemens semblables aux miens: s'ils n'auoient obtenu par leurs trauaux, qu'vn peu de gloire sans autre bien: s'ils auoient inutilement consumé tout leur patrimoine pour presenter de l'encens aux Dieux. Il semble que j'auois fait voir des preuues assez remarquables des dons que j'ay receus de la Nature, pour deuoir esperer que j'en obtiendrois de la Fortune. Elle n'a toutefois jamais voulu faire pour mon repos le moindre effort dont ma plume l'ait solicitée. Elle m'a toûjours consideré comme vn des partisans de la Vertu : comme vn de ces austeres

# EPISTRE.

Censeurs qui décrient son aueuglement & son inconstance. Elle a crû que c'estoit assez que j'eusse obtenu par mes Ecrits des aclamations des Peuples & des loüanges des grands Hommes, sans que j'obtinsse encore les moyens d'écrire dans vn agreable loisir. C'est en vain que je me suis plaint de ses injustices, & que beaucoup d'honnestes gens en ont murmuré, tout cela n'a fait que me la rendre plus ennemie, & ses cruelles persecutions m'auroient possible oprimé sans vn illustre COMTE DE SAINT AIGNAN, qui s'est obligé par vne genereuse compassion de me tirer d'entre les bras de cette Cruelle, qui volontairement s'est resolu de me proteger contre ce Monstre.

Icy, MONSIEVR, mon Esprit s'est beaucoup emporté dans l'expression de ses peines passées, pour venir à ces consolations presentes : & rendre vn authentique témoignage à la Posterité, du noble discernement que vous faites de la vertu parmy les disgraces, & du soin que vous prenez des malheureux qui ne meritent pas tous leurs malheurs. Veritablement apres tant de tempestes & d'orages, où mon inclination d'écrire & ma paresse à faire ma Cour m'auoient exposé, j'ay commencé de voir le Port, dés que vous m'auez honoré de vos bonnes graces : je me suis dés lors promis de grands aduantages d'vn Protecteur si connoissant & si genereux ; & vous auez toûjours eu des bontez si

# EPISTRE.

grandes pour moy, qu'elles ont surpassé tout ensemble & mon merite & mon esperance : Elles m'ont presque osté celle de vous en pouuoir loüer de bonne grace : & ne m'ont laissé que le desir de les aller publier en d'autres Climats, apres les auoir publiées à toute la France. Sans doute, MONSIEVR, l'éclat de la haute estime où vous estes, s'est fait jour dans toutes les parties de ce Royaume, & je me trauaillerois inutilement pour m'y loüer de vous à quelqu'un qui ne fust pas informé de vostre gloire : il faut que mon zele dans ce dessein, demeure oisif, ou qu'il aille vous faire connoistre aux Estrangers. Ce sera par tout, MONSIEVR, que je feray vanité de me dire auec vne passion inuiolable,

MONSIEVR,

Vostre tres-humble, & tres-obeïssant seruiteur,
TRISTAN LHERMITE.

## ADVERTISSEMENT A QVI LIT.

CE Recueil de Vers fait foy tout ensemble, & du Genie & de la negligence de l'Autheur: qui laissoit enseuelir dans la poudre de son cabinet, beaucoup de productions d'Esprit qui n'auoient point encore veu le jour, ou qui s'estoient seulement promenées chez ses amis particuliers, en fueilles volantes.

Il estoit encor en doute s'il n'estoit point plus auantageux pour sa reputation, de les tenir dans l'obscurité d'vne cassete, que de les exposer à la lumiere. Il semble que ce soit auilir les choses rares que d'en faire ainsi part à tout le Monde. C'est abandonner ces sortes d'Ouurages, à la discretion des Ignorans & des Enuieux: & doner sujet aux vns de s'en saouler brutalement sans les comprendre, & aux autres, d'employer tous leurs artifices pour en amoindrir la reputation.

Puis, nous sommes en vne saison où ceux qui reüssissent le plus heureusemét en ces especes de trauaux n'en doiuent gueres atendre le prix durant leur vie. Cét Estude demande vn trop grand détachement du tumulte & de la conuersation du grand Monde, pour estre beaucoup apuyé. On a beau cultiuer ces plantes des Muses dans la solitude, si l'on ne sçait l'art de les faire debiter dans les Palais. De sorte que pour en retirer le fruit, il ne suffit pas d'estre grand Escriuain, il faut estre aussi grand Courtisan, & quitant la contemplation, aller cabaler dans les ruelles & faire autant de visites que de Vers.

Pour moy qui suis nay auec vne paresse assez grande, &

quelque honneste retenuë, il m'est impossible de prendre ces soins & de m'exposer à des rebuts, par des solicitations pressantes. Ie ne sçaurois entreprendre de faire valoir mes Ecrits auec tant de peines, il me sufit de celles que j'ay prises à les enfanter. Et j'espere qu'ils ne seront pas mal receus de ceux qui sont vn peu genereux: & qui regardent les trauaux d'autruy auec plus d'indulgence que d'enuie. Au reste ne prenez pas, s'il vous plaist, au criminel, si j'ay laissé parmy ces Vers Heroïques quelque Epigramme, Madrigal, ou piece Burlesque. Ce sont de petites herbes qui se sont glissées parmy des fleurs : ce sont quelques restes des feux volages de ma jeunesse.

Sur tout je vous aduertis que lors que je parle icy de Diuinitez, Cieux, Destins, Fortune, & autres termes profanes, pour l'ornement de la Poësie ; à la façon des Escriuains passez, ce n'est pas que je ne croye fidelement toutes les Veritez Chrestiennes. Car je soûmets humblement & respectueusement tous mes Ecrits, toutes mes opinions & toutes les actiõs de ma vie, à la Censure, la Direction & la correction de la sainte Eglise Catholique, Apostolique & Romaine.

---

De l'Imprimerie de PIERRE DES-HAYES.

Acheué d'imprimer le vingtiéme de Ianuier 1648.

Les Exemplaires ont esté fournis.

*Les fautes plus remarquables qui se sont glissées en l'impression.*

Page 29. ligne 4. Diuiuité, lisez Diuinité. Pag. 52. lig. 4. prosperité, lisez Posterité. Pag. 81. lig. 18. Nul, lisez Nulle. Pag. 137. lig. 10. la teste, lisez sa teste. Pag. 176. lig. 19. ne remporte que, lisez ne remporte rien. Pag. 321. lig. 11. ne peuuent, lisez ne meuuent.

POVR

# POVR LES SERENISSIMES MAIESTEZ DE LA GRAND' BRETAGNE.

## EGLOGVE MARITIME.

PROTHEE, CIRCENE, ET LEVCOTHOE.

### PROTHEE.

SOVS vn grand Rocher tout caué
Par les flots qui luy font la guerre,
Et dont le sommet eleué
Braue les éclats du tonnerre:
On treuue vn Antre spacieux
Où toûjours la clarté des Cieux
S'introduit parmy les tenebres,
Et que respectent les Destins
Comme vne des Salles celebres
Où Neptune fait des festins.

# VERS HEROIQVES

Là quand je viens à m'ennuyer
De suiure la troupe écaillée;
Je puis en repos essuyer
Le poil de ma barbe moüillée:
Et sans craindre qu'vn indiscret
Se vienne enquerir du secret
De la fortune qui le touche;
J'y puis dormir au bruit des eaux
Sur vne maritime couche
Faite de joncs & de roseaux.

Vn jour par hazard je surpris
En cette demeure deserte
Vne des filles de Doris,
Et la mere de Melicerte;
Ces deux Nymphes dans le repos
Tenoient d'agreables propos
Durant que le temps estoit calme:
Et par mille discours charmans
Debatoient ensemble vne palme
A la gloire de deux Amans.

## DE Mr TRISTAN.

*Sans faire bruit je m'auançay*
*Pour entendre leur conference;*
*Mais mon Ombre quand je paſſay*
*Trahit auſſi toſt ma preſence.*
*Approche toy vieillard ſçauant,*
*Dit Circene en m'aperceuant,*
*Et nous viens juger je te prie;*
*Nous gagerons à qui de nous*
*En loüant* CHARLES & MARIE
*Produira les vers les plus doux.*

### CIRCENE.

*En tes mains je vay dépoſer*
*Vn grand vaſe de Pourcelaine*
*Dont m'a voulu fauoriſer*
*Vn Dieu de cette humide plaine.*

### LEVCOTHOE.

*Et moy je gage vn flageolet*
*Fait d'vn ambre blanc comme lait,*
*Et d'vn art qui n'eſt point vulgaire*
*Qu'apres mille amoureux ſanglots,*
*Vn Paſteur qu'on n'écoutoit guere*
*Jetta par dépit dans les flots.*

# VERS HEROIQVES

## PROTHEE.

Cependant que pour disputer
Elles prenoient leurs auantages,
Je m'aßis pour les écouter,
Et mis la main deſſus les gages.
Lors tenant vn bras éleué,
Apres auoir vn peu reſué
Et veu qu'on luy preſtoit ſilence,
Circene fronçant le ſourcy
D'vne agreable violence,
Commença de parler ainſi.

## CIRCENE.

Deſtins au pouuoir ſouuerain,
Artiſans des choſes futures,
Qui deſſus des tables d'airain
Grauez toutes nos auentures :
N'auez vous pas entre vos dois
La fortune des plus grands Rois,
Chez qui la Gloire ſe retire;
Lors que vous tournez les fuſeaux
De ce beau couple dont l'Empire
Eſt abſolu deſſus les eaux ?

## DE Mr TRISTAN.

### LEVCOTHOE.

Mere de tant de beaux objets
Qu'on voit paraistre dans le monde,
Qui fais viure tous les Subjets
De l'Air, de la Terre & de l'Onde.
Sage Nature dont les mains
Forment les plus grands des humains
D'vne adresse si liberale,
As-tu rien mis dans l'Vniuers
Qui pour le merite s'égale
Au digne sujet de mes vers?

### CIRCENE.

Les flots qui viennent assaillir
Le flanc de ces rochers humides,
Font jusques aux Cieux rejallir
Mille & mille perles liquides:
Et l'on auroit peine à compter
Les feux que l'on voit éclater
Dans le voile de la nuit sombre;
Mais l'Heritier du grand Artus
A des graces en plus grand nombre,
Et brille de plus de vertus.

## LEVCOTHOE.

*L'ambre parfume tous ces bors;*
*Et toûjours quand la Mer est haute*
*Elle enrichist de ses tresors*
*Les habitans de cette Coste:*
*Mais enuers la chaste Beauté,*
*Que CHARLES void à son costé*
*Les Cieux ne furent pas auares;*
*Car l'Ocean dans sa grandeur*
*N'a point de richesses plus rares,*
*Ny qui soient en meilleure odeur.*

## CIRCENE.

*Vulcan dans son Antre voûté*
*Fait pour CHARLES vne cuirasse*
*Où son art a representé*
*Le Bosphore & toute la Thrace.*
*Venus y portant ses regars*
*Est en peine si c'est pour Mars*
*Que ce beau Chef-d'œuure se graue;*
*Mais le vieillard plein de couroux*
*Dit que c'est pour vn Mars plus braue*
*Que celui qui le rend jaloux.*

## LEVCOTHOE.

*Minerue se vantoit vn jour,*
*Releuant bien haut son merite:*
*Lors qu'auec peu de mots, Amour*
*La rendit confuse & dépite.*
*Superbe ( dit-il ) penses-tu*
*Pour l'esprit & pour la vertu*
*Gagner le premier auantage?*
*Cette Isle fleurit sous vn Roy,*
*Dont l'Espouse est cent fois plus sage,*
*Et plus genereuse que toy.*

## CIRCENE.

*A l'heure que* CHARLES *nasquit*
*Parmy ces Isles fortunées,*
*Son Illustre pere s'enquit*
*Quelles seroient ses destinées.*
*Merlin sortant de son tombeau,*
*Dit que ce seroit vn flambeau*
*Qui brusleroit toute l'Asie;*
*Lors qu'à Bizance paroissant,*
*Il luy prendroit en fantaisie*
*D'aller esteindre le Croissant.*

# VERS HEROIQVES

Aussi dés l'âge le plus bas,
Il pratiquoit des exercices
Qui tesmoignoient que les combats
Seroient quelque jour ses delices.
Il ne se pouuoit arrester,
Qu'à tirer de l'arc & luter,
Ou se rendre vn cheual docile;
Et s'y prenoit de la façon
Que faisoit autrefois Achille
Quand il estoit jeune garçon.

Dieux ! vüeillez-le fauoriser
Où vostre gloire est engagée :
Permettez qu'il aille briser
Les fers dont la Grece est chargée.
Déja ses braues Matelots
Deuroient foudroyer tous les flots
Que Leandre passoit à nage ;
Les termes en sont arriuez ;
Ne retardez pas dauantage
L'honneur que vous luy reseruez.

LEVCOTHOE.

## LEVCOTHOE.

La Beauté qui regne en ces lieux
Adorable, dés sa naissance,
Est vn Miracle que les Cieux
Donnerent aux vœux de la France ;
Ses yeux sceurent parfaitement
Dés qu'ils eurent du mouuement,
Charmer l'ame la plus farouche :
Et le nectar sembla couler
Des roses de sa belle bouche
Aussi tost qu'elle sceut parler.

 

Elle brilloit de mille apas
Dés son enfance la plus tendre ;
Tous les Deuins ne celoient pas
Qu'elle mettroit le Monde en cendre ;
Et quand cét Astre rauissant
Dont la grace alloit en croissant,
Descouurit son esprit celeste,
Pallas qui la suit en tous lieux,
Par ses soins luy donna le reste
De la ressemblance des Dieux.

# VERS HEROIQVES

Maintenant elle est en estat,
Où tout cœur luy doit faire hommage,
Et celuy d'vn grand Potentat
Sert de Temple à sa belle Image.
Le Thermodon dans son bon-heur
A moins veu de gloire & d'honneur
En ses Reynes des Amazones;
Lors que ces superbes Beautez
Se venoient asseoir sur les Thrônes
Des Roys qu'elles auoient domptez.

## CIRCENE.

Lors que le Monarque puissant,
A qui tous les flots obeïssent,
Marchoit en inconnû passant
Par l'Estat où les Lys fleurissent;
Sa grace épand vne splendeur
Qui ne peut celer sa grandeur
Durant vn si secret voyage:
Et les gens les moins auisez
Se souuinrent lors de cét Age,
Où les Dieux alloient déguisez.

*Et quand pour son retour icy*
*L'on eust fait armer vne flote:*
*La Fortune en prit le soucy*
*Et luy vint seruir de Pilote.*
*Grand Prince, luy dit-elle alors,*
*Asseure toy qu'en mille Ports*
*Tu dois saccager des Barbares :*
*Et qu'vn jour tu possederas*
*Plus de la moitié des Tiares*
*Qui pendent autour de mon bras.*

## LEVCOTHOE.

*Au temps que sa Moitié passa*
*De la France dans l'Angleterre,*
*L'orgueil des flots qui s'abaissa*
*Deuint vny comme du verre.*
*Les vents furent respectueux,*
*Qui d'vn effort impetueux*
*Font monter l'eau jusqu'aux Estoilles,*
*Et sur ce liquide Element,*
*Le seul Zephire enfla les voiles*
*Iusques à son débarquement.*

# VERS HEROIQUES

Les Diuinitez de la Mer
Qui se presserent pour la suiure,
Eurent plus d'ardeur à l'aimer
Qu'elles n'ont de plaisir à viure.
Et voyant dessus son beau teint
Les viues roses dont se peint
Le visage frais de l'Aurore :
Dirent auant que la quitter,
C'est Europe qui passe encore
Entre les bras de Iupiter.

## CIRCENE.

Deslors que Thetis aperceut
Ce couple d'Amans adorables,
En sa faueur elle conceut
Mille Prodiges agreables :
De là vient, que vers ces confins,
On a veu de nouueaux Dauphins
Portans des couronnes dorées :
Et qui sur les miroirs polis
De leurs écailles azurées
Auoient des Roses & des Lys.

## LEVCOTHOE.

*Que ces deux Amans sont heureux!*
*Aucun soucy ne les trauerse;*
*Et leurs sentimens amoureux*
*Entretiennent vn doux commerce.*
*Hymen, qu'ils te sont obligez!*
*Le joug dont tu les as chargez,*
*N'est qu'vn filet d'or & de soye;*
*Ils ont tant de contentement,*
*Que si rien surpasse leur joye*
*C'est leur merite seulement.*

## CIRCENE.

*Les campagnes ny les Citez*
*Ne sont point icy rauagées;*
*Car toutes les felicitez,*
*Y sont en seureté logées.*
*Quel bon-heur se peut souhaiter*
*Que CHARLES ne puisse gouster*
*Auec sa celeste Compagne?*
*Et voit-on rien d'égal au fruit*
*Que dans le sein de la Bretagne,*
*Ce diuin Soleil a produit?*

# VERS HEROIQVES

## LEVCOTHOE.

*Cette merueille de nos jours*
*Qui toute autre Beauté surpasse,*
*A produit deux petits Amours*
*Suiuis d'vne nouuelle Grace.*
*Le Ciel se plaist à les benir,*
*Et si de leur gloire à venir*
*On peut juger par l'aparance;*
*C'est peu pour tant d'apas diuers*
*Que de flater leur esperance*
*D'vne moitié de l'Vniuers.*

## CIRCENE.

*Leur grace & leurs raisonnemens*
*Deuancent de beaucoup leur âge;*
*L'Automne est en leurs sentimens,*
*Et le Printemps en leur visage.*
*Le fils de Cythere auec eux*
*Va passer le temps à des jeux,*
*Où les Enfans se diuertissent;*
*Et fasché de se voir moins beau,*
*Est jaloux quand ils se saisissent*
*De son arc, ou de son flambeau.*

## DE Mʳ TRISTAN.

### LEVCOTHOE.

*Themis* en ce Climat heureux
N'esprouue point la violence,
Dont vn desordre rigoureux
Fait pancher ailleurs sa balance.
Ce peuple viuant sous vn Roy,
A qui la vertu sert de Loy,
Y rend l'injustice inconnuë;
Et l'Enuie a beau murmurer,
La Raison ny la retenuë
N'y treuuent rien à censurer.

Aussi comme en cét Age d'or,
Où les cœurs se treuuoient sans vice;
La Gloire & le bon-heur encor
Y regnent auec la Iustice.
Il n'y croit jamais de poisons;
Le Soleil y fait des saisons
Qui ne sont ny froides ny chaudes;
Les champs de fruits s'y vont chargeant;
Les herbes y sont d'esmeraudes,
Et les ruisseaux y sont d'argent.

# VERS HEROIQVES

## CIRCENE.

MARIE est l'Objet le plus beau
A qui la vertu donne lustre;
On y voit comme en vn Tableau
Tout ce que son sexe a d'illustre.
La foible innocence aujourd'huy
La tient pour son meilleur apuy;
L'Honneur la choisit pour son Temple,
Et la Prudence pour se voir,
Depuis qu'elle a son bel exemple
Ne veut plus porter de miroir.

Les Arts sous sa protection
Reprenent leur éclat antique,
Et son ame auec passion
Aime les vers & la musique.
Aussi dans vn fidele soin
Les Muses font sçauoir bien loin
Tant de qualitez adorables;
Et dans leur aimable entretien,
N'ont point de douceurs comparables
A celle d'en dire du bien.

LEVCOTHOE.

## DE M<sup>r</sup> TRISTAN.

### LEVCOTHOE.

Lors que tous les vents resserrez,
Dorment en leurs grotes profondes,
Et que mille rayons dorez
Brillent dessus l'argent des Ondes.
CHARLES durant vn doux loisir,
Vers le soir par fois prend plaisir
A s'asseoir dessus ces riuages,
Et s'entretient en regardant,
L'or & le pourpre des nuages
Que le jour peint en l'Occident.

❦

Neptune par les eaux porté
Sur vne Coquille flotante,
Y promeine sa Majesté
Suiuy d'vne troupe inconstante.
Les Tritons au cœur enjoüé
Auec leur Cornet enroüé,
Meinent du bruit sur son passage:
Et s'auançans deuers le bord,
Font de sa part quelque message,
Au jeune Monarque du Nord.

# VERS HEROIQVES

Les Nymphes sortans pour le voir
Hors de l'Eau jusqu'à la poitrine,
Luy presentent en ce deuoir
Les richesses de la Marine,
Les vnes luy portant des faix
De perles, & de coral fraix,
En restent toutes décoiffées:
Et les autres en cent façons
Luy viennent offrir des trophées
De tous les plus rares poissons.

## CIRCENE.

Lors que le Soleil du Printemps
Eschauffe le Taureau celeste,
Et que la rage des Autans
Ne produit plus rien de funeste.
Lors que d'vn beau jour éclairez,
Les bois & les champs sont parez
De leurs vertes tapisseries,
Et que le vif cristal des eaux
Gazoüille parmy les prairies
A l'enuy des petits oyseaux.

## DE Mr TRISTAN.

MARIE auec toute sa Cour
Monte dessus des haquenées,
Et dans les beaux lieux d'alentour
Va chasser les apresdisnées.
Le cheual noble & glorieux,
Qui porte vn faix si precieux
Est de poil & de taille à peindre,
Et va d'vne legereté,
Que les vents ne sçauroient ataindre
Qui partent d'vn mesme costé.

Les Driades qui font des vœux
Pour voir vne Reine si belle,
Prennent par fois de ses cheueux
Qu'elles gardent pour l'amour d'elle.
De la verte écorce des bois
Pour grauer son Chifre & ses Lois
Les Faunes se font des tablettes :
Et Diane qui la conduit,
Seme toûjours des violettes
Dessus les routes qu'elle suit.

# VERS HEROIQVES

## LEVCOTHOE.

*Sa voix a de si doux apas*
*Que rien ne s'en sçauroit defendre;*
*Les Dains qui vont deuant ses pas*
*S'arrestent par fois pour l'entendre.*
*Enchantez d'un si doux plaisir,*
*Ils ne prennent pas le loisir*
*De sentir le dard qui les touche:*
*Et semblent mourir sans effort*
*Tournant l'œil vers la belle bouche*
*Qui les menaçoit de la mort.*

## CIRCENE.

*Les Pilotes n'ont plus de peur*
*De ces Ministres de la Parque.*
*Qui par vn chant doux & trompeur*
*Ont fait perir plus d'vne barque.*
*Grace à nostre Diuinité*
*Les vaisseaux sont en seureté*
*De ces douceurs persuasiues;*
*Car depuis la premiere fois*
*Qu'elle chanta dessus ces riues,*
*Les Serenes n'ont plus de vois.*

## PROTHEE.

Nymphes c'est assez disputé :
La nuit vous impose vne tréue,
Le Soleil couche sa clarté,
Et voila sa sœur qui se leue.
La victoire ne paroist point :
Il me semble qu'à mesme point
Vostre eloquence est arriuée :
Et ce debat fait voir encor
L'égalité qui fut treuuée
Au combat d'Ajax & d'Hector.

O grande REINE, c'est ainsi
Que l'on celebre vos loüanges ;
Et que je les publie aussi
Sur les riues les plus estranges.
C'est ainsi qu'en vostre faueur
On fait choix auecque ferueur
Des conceptions les plus nettes ;
Benissant la sainte amitié
De ce digne Tout dont vous estes
Vne belle & chaste Moitié.

*Les Nymphes s'échauffoient assez*
*En conceuant ces traits de flame,*
*De qui les objets sont passez*
*Agreablement dans mon Ame.*
*Certes, ce petit different*
*Est vn témoignage bien grand*
*Du zele dont on vous honore:*
*Et cét effort fit vn effet*
*Dont le penser me plaist encore,*
*Et si j'en suis peu satisfait.*

*Les qualitez de vostre Espoux*
*Que l'on tient si braue & si sage:*
*Et les apas qu'on void en vous*
*Meritoient beaucoup dauantage.*
*La Renommée en a plus dit*
*En cent lieux où vostre credit*
*S'establist par vostre merite;*
*Mais dans l'éclat où l'on vous voit,*
*Il est mal-aisé qu'on s'aquite*
*De tout l'honneur que l'on vous doit.*

Les Muses qui veulent chanter
Les merueilles qu'on en raconte,
Taschent de vous representer,
Et ne trauaillent qu'à leur honte :
Vostre beau visage à des fleurs
Prés de qui, leurs viues couleurs
Ne sont qu'vne morte peinture :
Et vos Beautez sçauent charmer
Par mille dons de la Nature
Que l'Art ne sçauroit exprimer.

De moy qui sçay tous les secrets
Du vieux liure des Destinées,
Et qui voy d'insignes progrés
En la suite de vos années.
Ie ne sçaurois plus vous celer
La gloire qui se doit mesler
A vos innocentes delices.
Si les Dieux que vous imitez
Ne vous rendent cent injustices,
Vous aurez cent prosperitez.

# VERS HEROIQVES

*Comme pour vous donner le prix*
*Sur toutes les plus belles choses,*
*L'adresse des meilleurs Esprits*
*Vous fait des couronnes de roses;*
*Ainsi connoissant le futur*
*La Victoire aux aisles d'azur*
*Pres de vostre Mary s'areste :*
*Et de cét illustre Guerrier*
*Mesure le tour de la teste*
*Pour la couronner de laurier.*

*Auant qu'il soit vn lustre entier*
*Nous verrons des Grands de la Terre*
*Venir captifs en ce quartier;*
*Maudissans le sort de la guerre.*
*Soit qu'il se porte à rauager*
*Les Forts de Thunis & d'Alger*
*Pour vne premiere auanture :*
*Soit qu'il dresse vn grand apareil*
*Pour aller voir la sepulture*
*De l'Oyseau qui vit sans pareil.*

*Vos*

## DE Mr TRISTAN.

*Vos ennemis humiliez*
*Se mettront dans l'obeïssance ;*
*Les moindres de vos Alliez*
*Braueront toute autre Puissance,*
*Puis, selon vos justes souhais,*
*Lors que vous regnerez en paix*
*Dessus la Terre & dessus l'Onde,*
*Vous verrez vos jeunes Enfans*
*Reuenir des deux bouts du Monde*
*Victorieux & triomphans.*

## VERS HEROIQVES

Lors que Monseigneur frere vnique du Roy ala commander les armes de sa Majesté deuant la Rochelle, En l'année 1625. les assiegez firent vne furieuse sortie, où le Sieur de Maricour, Gentilhomme de Picardie de tres-bonne condition, de haut merite, & l'vn des meilleurs Amis du Sieur Tristan, fut tué. Depuis ce funeste jour, les bons ordres qui furent donnez, ayans empesché les assiegez de rien entreprendre. L'Autheur employa quelques heures de l'oysiueté de l'Armée, pour faire cette description des diferens aspects de la Mer. Où selon l'adresse dont son esprit estoit capable en cét âge ; Il témoigne ensemble, le regret qu'il auoit pour la perte de ce noble Caualier, qui estoit son Amy, & les vœux ardans qu'il faisoit pour la prosperité de ce grand Prince, qui estoit son Maistre.

# LA MER,
## A
## SON ALTESSE ROYALE.
### ODE.

Depvis la mort de Maricour
J'ay l'Esprit plein d'inquietude :
J'abhorre le bruit de la Cour
Et n'aime que la solitude.
Nul plaisir ne me peut toucher
Fors celuy de m'aller coucher
Sur le gazon d'vne falaise,
Où mon dueil se laissant charmer
Me laisse réuer à mon aise
Sur la majesté de la Mer.

# VERS HEROIQUES

N'est-ce pas vn des beaux objets
Qu'ait jamais formé la Nature;
N'est-ce pas vn des beaux sujets
Que puisse prendre la Peinture?
Et ce Courage ambitieux
Qui pensant voler jusqu'aux Cieux
Eut vne celebre disgrace;
En faillant vn dessein si beau,
Pouuoit-il cacher son audace
Dans vn plus superbe tombeau?

L'eau qui s'est durant son reflus
Insensiblement éuadée;
Aux lieux qu'elle ne couure plus
A laissé la vase ridée.
C'est comme vn grand champ labouré :
Nos soldats d'vn pas asseuré
Y marchent sans courir fortune;
Et s'auançans bien loin du bord,
S'en vont jusqu'au lict de Neptune
Considerer le Dieu qui dort.

Le vent qui murmuroit si haut,
Tient maintenant la bouche close
De peur d'éueiller en sursaut
La Diuinité qui repose.
La Mer dans la tranquilité
Auecque tant d'humilité
Dissimule son insolence,
Qu'on ne peut soupçonner ses flots
De la cruelle violence,
Dont se plaignent les Matelots.

Le Soleil à long traits ardans
Y donne encore de la grace,
Et tasche à se mirer dedans
Comme on feroit dans vne glace :
Mais les flots de vert émaillez
Qui semblent des Iaspes taillez,
S'entredérobent son visage,
Et par de petits tremblements
Font voir au lieu de son Image
Mille pointes de diamants.

*Quand cét Astre ne vient encor*
*Que de commencer sa carriere*
*Dans des Cercles d'argent & d'or,*
*D'azur, de pourpre & de lumiere:*
*Quand l'Aurore en sortant du lit*
*Elle que la honte embellit*
*Rend la couleur à toutes choses:*
*Et montre d'vn doigt endormy*
*Sur vn chemin semé de Roses*
*La clarté qui sort à demy.*

*Au leuer de ce grand flambeau*
*Vn étonnement prend les ames;*
*Voyant icy naistre de l'Eau*
*Tant de couleurs & tant de flames.*
*C'est lors que Doris & ses sœurs*
*Benissans les claires douceurs*
*Du nouueau jour qui se r'allume;*
*S'aprestent à faire secher*
*Leurs cheueux blanchissans d'écume*
*Dessus la Croupe d'vn Rocher.*

## DE Mr TRISTAN.

Souuent de la pointe où je suis,
Lors que la lumiere decline,
I'aperçois des jours & des nuits
En mesme endroit de la marine.
C'est lors qu'enfermé de broüillards
Cét Astre lance des regards
Dans vn nuage épais & sombre
Qui reflechissans à costé,
Nous font voir des montagnes d'ombre
Auec des sources de clarté.

Lors que le temps se veut changer
Que la Nature qui s'ennuye
Se va quelque part décharger
De sa tristesse auec la pluye.
Lors mille monstres écaillez
Que la tourmente à réueillez,
Sortent de l'Onde à sa venuë,
Saluant Iris dans les Cieux,
Qui vient étaler dans la nuë
Toutes les delices des yeux.

# VERS HEROIQVES

*Mais voicy venir le montant,*
*Les Ondes demy courroucées*
*Peu à peu vont empiétant*
*Les bornes qu'elles ont laissées.*
*Les vagues d'vn cours diligent,*
*A longs plis de verre ou d'argent*
*Se viennent rompre sur la riue :*
*Où leur debris fait à tous coups*
*Rejallir vne source viue*
*De perles parmy les cailloux.*

*Sur ces bords d'ossemens blanchis*
*De pauures pescheurs font la ronde,*
*Esperans bien d'estre enrichis*
*Par quelque largesse de l'Onde.*
*Car la Mer eternellement*
*Garde ce noble sentiment,*
*Auecque son humeur brutale,*
*De n'engloutir aucuns trésors,*
*Que d'vne fougue liberale*
*Elle ne jette sur ses bords.*

*Quand*

## DE Mr TRISTAN.

Quand les vagues s'enflent d'orgueil,
Et se viennent creuer de rage
Contre la pointe d'vn Ecueil,
Où cent barques ont fait naufrage.
Alors qu'vne sombre vapeur
Imprime vne mortelle peur
Auec ses presages funestes;
Et que les vents seditieux
Pour éteindre les feux Celestes,
Portent l'eau jusques dans les Cieux.

Le vaisseau poussé dans les airs,
N'aperçoit point de feux propices;
On n'y void au jour des éclairs
Que gouffres & que precipices.
Tantost il est haut élancé,
Tantost il se treuue enfoncé
Iusques sur les sablons humides:
Et se void toûjours inuestir
D'vn gros de montagnes liquides,
Qui s'auancent pour l'engloutir.

# VERS HEROIQVES

L'Orage ajoûte vne autre nuit
A celle qui vient dessus l'Onde ;
Et la Mer fait vn si grand bruit
Qu'elle en assourdit tout le monde.
La foudre éclate incessamment :
Et dans ce confus Element
Il descend vn si grand deluge,
Qu'à voir l'eau dans l'eau s'abysmer,
Il n'est personne qui ne juge
Qu'vne Mer tombe dans la Mer.

Le Pilote desesperé
Du temps qui l'est venu surprendre,
N'a pas le front plus asseuré
Qu'vn criminel qu'on meine pendre.
La noire Image du malheur
Confond son art & sa valeur ;
Il ne peut faire aller aux voiles :
Il n'entend plus à son trauail,
Ne reconnoist plus les Estoilles ;
Et ne tient plus le gouuernail.

Son sens ne se peut rapeller,
Son courage vient à se rendre,
Il n'a pas l'esprit de parler,
Ny ses gens celuy de l'entendre,
Il se perd dans l'obscurité,
Et si quelque foible clarté,
Luy paroist parmy les tenebres,
Dans le Ciel tout tendu de dueil,
Il croit voir des flambeaux funebres
Allumez dessus son cercueil.

Apres cette grande rumeur
Les vents tout à coup font silence,
Et la Mer en meilleure humeur
Perd sa rage & sa violence.
Les Tritons d'écailles vestus,
Auecque leurs cornets tortus,
En sonnant charment la furie,
Et se monstrans de tous costez,
Apaisent la mutinerie,
Où les flots s'estoient emportez.

# VERS HEROIQVES

Le jour en partant d'Orient,
L'écume toute fraîsche éclaire;
Et poursuit son cours en riant,
D'auoir pris la Mer en colere.
Ceux que le Ciel a preseruez,
A l'heure se voyans sauuez,
Reprennent aussi tost courage;
Et perdent leurs deuotions
Et le souuenir de l'Orage
Voyans voguer des Alcyons.

Le Pirate au cœur endurcy,
Où la violence est emprainte,
Voyant le temps tout éclaircy
Rougit d'auoir pasly de crainte.
Il braue ce fier Element
Qui le combloit d'étonnement
En luy découurant ses abysmes:
Et s'assure tout de nouueau,
Que ce Complice de ses crimes
Ne sera jamais son bourreau.

GASTON, daigne voir ce Tableau,
Et ne m'impute pas à blâme
Si je te presente de l'Eau,
A toy qui parois tout de flame.
Nos Oracles sont des menteurs,
Et nos Deuins des imposteurs,
Ou tu joindras à ton Domaine
Tous les Estats & les Confins,
Où le Dieu des Ondes promeine
Son Char tiré par des Dauphins.

Cette Isle qui par tant de jours,
Fut étroitement assiegée,
Te doit l'honneur de son secours,
Et celuy de s'estre vengée.
Ce fut ta liberalité
Qui treuua la facilité
D'y faire entrer tant de Pinaces,
Qui promirent sous ton aueu
De ne craindre pas les menaces
De toute l'Angleterre en feu.

# VERS HEROIQVES

Ce fut toy qui les animas,
Ce fut toy qui les fis resoudre
A percer des Forets de Mats,
D'où sortoient tant d'éclats de foudre.
Et nos Soldats auantureux,
Sous tes auspices bien-heureux,
Veirent dans la nuit la plus brune
Que si tout les fauorisoit,
Ils deuoient leur bonne fortune
A ton œil qui les conduisoit.

Mais grand Prince, tout cét honneur
N'est qu'vn des rayons de la gloire,
Dont ton courage & ton bon-heur
Enrichiront vn jour l'Histoire.
Cét admirable euenement
N'est qu'vn petit trait seulement
D'vne vertu que l'on adore :
Et pour couurir ton front guerrier,
La Victoire fait bien encore
D'autres Couronnes de Laurier.

## DE Mr TRISTAN.

*Soit que la Grece en sa douleur,*
*Par ses gemissemens t'apelle;*
*Et sollicite ta valeur*
*De rompre son joug infidelle.*
*Soit qu'auec tes Predecesseurs*
*Tu vueilles pretendre aux douceurs*
*De Naples & de la Sicile;*
*Tout obstacle sera brisé:*
*Et ton bras se rendra facile,*
*Le dessein le plus mal-aysé.*

*Ce sera lors qu'auec des Vers*
*Qui naistront d'vne belle veine;*
*Ie feray voir à l'Vniuers*
*Que ta valeur est plus qu'humaine.*
*Mes trais auront tant de clartez,*
*De pompe, d'art & de beautez,*
*Que l'Enuie en deuiendra blesme;*
*Et baissant ses honteux regars,*
*Pensera qu'Apollon luy-mesme*
*Ait écrit les gestes de Mars.*

# VERS HEROIQVES

## L'AVANTVRE D'VN PESCHEVR.

J'Aprestois mes filets vn jour
Plein d'espoir d'ardeur & de joye;
Quand j'entray dans ceux de l'Amour,
Et deuins sa nouuelle proye.

Proche des bords de mon Bateau
Ie vids passer l'aymable Elise;
Et vers vn ameçon si beau
Ie laissay donner ma franchise.

Depuis l'objet de sa beauté
Me tient toûjours inquieté,
Ny nuit, ny jour je ne repose:

Voyez l'erreur de nos Esprits!
L'homme propose & Dieu dispose;
Ie pensois prendre, & je fus pris.

---

Les deux Odes qui suiuent, & qui sont faites sur les progrez que son Altesse Royale a faits en Flandre commandant les Armes de sa Majesté, monstrent bien que les lumieres des Muses donnent jusques dans l'auenir; & meritent que leurs antousiasmes soient considerez.

A

# A SON ALTESSE ROYALE,

Sur la prise de

# GRAVELINE.

## STANCES.

GASTON, depuis long temps je l'auois bien predit;
    Que si vous auiez le credit
De gouuerner un jour les armes de la France;
Vous sçauriez hautement écarter le malheur,
    Et par mille trais de prudence,
    Et par mille éclats de valeur.

# VERS HEROIQUES

*Maintenant cét Oracle est vrayment accomply:*
   *Vous auez dignement remply*
*Ce qui restoit de vuide en ces grandes attentes:*
*L'ennemy vous a veu comme l'Astre de Mars,*
   *Et la seule ombre de vos tentes*
   *A fait trembler tous ses rempars.*

*Le plus vaillant des Grecs & le plus redouté,*
   *Fut dix ans deuant la Cité,*
*Qui de tant de Lauriers veid couronner ses peines;*
*Mais comme vos trauaux precipitent le temps,*
   *Vous auez fait en six semaines*
   *Ce qu'Achille fit en dix ans.*

*Comme un puissant Lyon que l'on tient arresté,*
   *Fait effort pour sa liberté,*
*Et toûjours à ses fers veut donner quelque entorce;*
*Il s'élance, il rugit, auec des yeux ardents,*
   *Et brûle de monstrer la force*
   *De ses ongles & de ses dents.*

## DE Mr TRISTAN.

*Ainsi vostre valeur qu'on empeschoit d'agir*
    *Vous faisoit pâlir & rougir,*
*La voyant enchaînée auec tant d'injustice :*
*Et vostre cœur Royal bien souuent s'irritoit*
    *De n'estre pas en exercice,*
    *Dans les emplois qu'il meritoit.*

*La Fortune aujourd'huy connoit mieux la raison,*
    *Le Ciel a changé la saison,*
*Qui fut pour vos destins si fascheuse & si sombre :*
*Et tout ce que la France à de fameux Guerriers,*
    *Se presse d'aller à vostre ombre*
    *Faire des moissons de lauriers.*

*Si l'on peut du futur connoistre les secrets,*
    *O ! que vous joindrez de progrés*
*A ce grand coup d'essay dont l'Europe s'étonne !*
*Et que les Souuerains du Couchant & du Nord,*
    *Ebranleront peu la Couronne,*
    *Dont vostre espée est le suport.*

## VERS HEROIQUES

*Mais, ô Prince admirable, Enfant de tant de Rois,*
    *Destiné pour les grands exploits,*
*Vous ne ferez pas seul ces merueilles étranges.*
*Vne illustre Beauté sans courre aucun hazard,*
    *Et sans amoindrir vos loüanges,*
    *Y doit prendre beaucoup de part.*

*C'est ce diuin objet de vostre chaste amour,*
    *Où cent vertus font leur sejour ;*
*C'est cette non-pareille & celeste Princesse,*
*Qui recourt aux Autels, lors que vous combatez,*
    *Et les sollicite sans cesse*
    *D'acroistre vos prosperitez.*

*La pieté des Vœux que forme vn si beau Cœur,*
    *Vous fait éuiter le mal-heur*
*Qu'on treuue bien souuent en cherchant la Victoire:*
*Et les pleurs qui pour vous coulent de ses beaux yeux,*
    *Quand ils demandent vostre gloire,*
    *Font tomber les palmes des Cieux.*

# A SON ALTESSE ROYALE,

Sur ses autres progrés en Flandre, commandant les Armes du Roy.

## ODE.

*Nymphe aux batailles apellée,*
*Qui la trompette dans les mains*
*Fais bruire d'vne bouche enflée*
*Les noms des plus grands des humains.*
*C'est toy qui dois ouurir ma veine,*
*Pour loüer d'vne voix hautaine*
*Le premier de nos demy-Dieux :*
*Loin, vulgaire à la plume basse*
*De qui le style est odieux ;*
*Pres de nous vous auriez l'audace*
*D'vn fascheux Corbeau qui croace*
*Pres d'vn Cygne melodieux.*

# VERS HEROIQVES

 Le noble Sujet de mes veilles
Demande de plus hauts secrets:
Il faut étaler des merueilles
Qui tonnent comme ses progrés.
Il faut parmy de belles choses
Mesler des Lauriers à des Roses
Qui soient dignes de son aueu.
Il faut en ce lieu se resoudre
A s'en éloigner de fort peu;
Et si dans le sang & la poudre
On l'a veu passer comme un foudre,
Passer en ces vers comme un feu.

 Les premiers ans de sa jeunesse
Ont esté connûs à nos yeux;
Nous sçauons par quelle largesse
Il receut des faueurs des Cieux:
Comme en cét estat d'innocence
Il auoit tant de connoissance,
De lumieres & de clartez,
Qu'on l'obseruoit comme un Ouurage
Produit pour nos felicitez,
Et qu'on s'étonnoit en nostre Age,
De voir un si grand assemblage
De merueilleuses qualitez.

La Fortune de qui l'enuie
Trauerse toûjours la Vertu,
Ialouse de sa belle vie,
Sans justice l'a combatu.
C'est vn Soleil dont vn nuage
A long temps caché le visage,
Auec cent obstacles diuers.
Sa splendeur fidelle & guerriere
Est enfin passée à trauers,
Reprenant sa force premiere,
Le vif éclat de sa lumiere
Se fait voir à tout l'Vniuers.

Depuis que l'orgueil de l'Espagne
Le treuue au front de nos Guerriers,
N'a t'il pas à chaque Campagne
Remporté de fameux Lauriers?
Son courage & sa vigilance
Ont sçeu reprimer l'insolence
Des voisins les plus redoutez;
Et sous l'aisle de la Victoire
Il a fait ouurir des Citez,
Dont la prise enrichit l'Histoire,
Et dont le bruit mesle sa gloire
Auecque nos prosperitez.

## VERS HEROIQVES

 Graueline, cette indomptée
Qui l'atira pour son malheur,
A connu qu'elle est la portée
De son sens & de sa valeur:
Elle a veu de coups de tonnerre
Mettre ces Bouleuars par terre,
Qui nous ont braué tant de fois;
Et par des trauaux admirables,
Depuis ce jour, en moins d'vn mois,
Beaucoup de Forts considerables
Qui portoient le nom d'imprenables,
Ont fléchy sous les mesmes loix.

 Les Marets profonds, & les Digues,
Dont le païs est diuisé,
Pour ses glorieuses fatigues
N'offrent rien d'assez mal-aisé.
Luy vouloir donner des obstacles,
C'est donner matiere aux Miracles
De ce genereux Conquerant,
Qui s'ouure par tout vn passage
Comme vn impetueux Torrent;
Et dans son furieux rauage
Emporte les Forts à la nage,
Et prend les Villes en courant.

Iamais

## DE Mr TRISTAN.

 Iamais le Fameux Alexandre
Ne fit mieux ce noble meſtier;
Lors qu'il commença d'entreprendre
La conqueſte du Monde entier.
Iamais ſon Ame liberale
N'aquit mieux l'amour generale
De tous ceux qui ſuiuoient ſes pas:
Cette Ame d'honneur enflamée,
Qui paſſoit parmy les combats,
Si l'on en croit la Renommée,
Pour l'Ame de toute vne Armée,
Et le cœur de tous les Soldats.

 Auſſi ſous les heureux auſpices
D'vn Rejetton de tant de Roys,
Il n'eſt fleuue, ny precipices,
Qui puiſſent borner nos exploits.
Auant que la moiſſon jauniſſe,
Et que les pieds de l'Eſcreuiſſe
S'attachent au Flambeau du jour:
La Flandre, qui dans des alarmes,
Attend encore le retour
D'vn General ſi plein de charmes,
Fera joug par tout à ſes armes,
Soit par force ſoit par amour.

G

# VERS HEROIQVES

*O toy! qui des celestes Spheres*
*Tournant tes regards icy bas,*
*Vois plus clair au fonds des affaires*
*Qu'autrefois tu ne faisois pas.*
*Grand LOVIS, s'il estoit possible,*
*Que dans un estat si paissible*
*Ton Ame se peût émouuoir;*
*Sans douleur & sans repentance,*
*Tu ne pourrois aperceuoir,*
*Ce que fait au bien de ta France*
*Ce Frere que la Medisance*
*T'auoit peint d'un crayon si noir.*

*Il paroist si la calomnie*
*T'auoit preuenu d'une erreur,*
*En imposant à son Genie*
*Des desseins à te faire horreur.*
*Le voila qui se justifie;*
*Le voila qui se sacrifie,*
*Pour un si noble desaueu.*
*Si l'on peut à cette belle Ame*
*Donner le nom de boute-feu,*
*Ce ne peut estre auecque blâme,*
*Puis qu'il porte au dehors la flame,*
*A la Gloire de son Neueu.*

## DE Mr TRISTAN.

Tu vois que d'une foy loyale
Dans les soins qu'il prend aujourd'huy,
Il sert à ta maison Royale
De fidele & solide apuy.
Tu vois qu'il marche auecque joye,
Où ta chaste Moitié l'enuoye,
Et s'en acquite dignement,
Et que bien loin qu'à son courage
L'interest donne mouuement,
Sans pretendre d'autre auantage,
Les seuls trauaux sont le partage
Qu'il recherche au gouuernement.

D'une juste & pieuse enuie,
Grand Monarque, fais vn effort,
Qui de cette erreur de ta vie
Le satisface apres ta mort.
Auance par tes saints suffrages
L'acheuement des grands Ouurages,
Que sa valeur nous a promis:
Et fais abhorrer les blasphemes
Contre sa pieté vomis,
Puis que dans des perils extremes,
Il n'arrache les Diademes,
Que du front de tes Ennemis.

# VERS HEROIQVES

L'Ode qui suit, écrite sur le sujet des premieres couches de Madame, témoigne combien les Muses se rejoüirent de l'heureuse fecondité de son Altesse Royale, souhaitans à cette grande & Vertueuse Princesse vne glorieuse prosperité.

# A MADAME

## ODE

Noble sang des Rois d'Idumée,
Princesse dont la Renommée
Ne sçauroit dire assez de bien ;
Le Ciel aime vos sacrifices,
Et ne veut plus refuser rien
A vos innocentes delices.

※

Vostre pieté sans exemple,
Par les vœux qu'elle rend au Temple,
A franchy la saison des pleurs ;
Il faut que les bontez divines
Vous donnent desormais les fleurs,
Dont vous avez eu les épines.

*Déja pour le faire coneſtre,*
*De vous vn Amour vient de naiſtre,*
*Dont Amour doit eſtre jaloux;*
*Vn Abregé de belles choſes,*
*Qui montre bien tenir de vous*
*Son éclat de Lys & de Roſes.*

*Que ce Chef-d'œuure eſt admirable!*
*Cette Merueille incomparable*
*Donnera quelque jour des loix,*
*Et pourra forcer les plus braues,*
*De ce que l'Europe à de Rois,*
*A porter le tiltre d'Eſclaues.*

*N'ayez pas pourtant la penſée*
*D'eſtre par là recompenſée*
*De tant d'excellentes vertus.*
*Le Ciel qui ce bien vous enuoye*
*Garde quelque choſe de plus,*
*Aux matieres de voſtre joye.*

## DE Mr TRISTAN.

Ie ne sçay quel rayon de flame,
Qui fait trouuer jour à mon ame,
Dans les Ombres de l'auenir,
A déja mis dessus ma bouche
La gloire que doit obtenir
L'heur de vostre seconde couche.

Croyez qu'auant que l'autre année
Se treuue encore terminée,
Vous aurez vne autre douceur;
Et que cette Fille si belle,
Prendra bien tost le Nom de sœur,
D'vn Frere merueilleux comme elle.

Ie le voy déja ce me semble,
Cét Astre où la Nature assemble
Ce qu'elle a de plus precieux :
Cette Fleur dont la France espere
Receuoir des fruits glorieux,
Comme elle en reçoit de son Pere.

Lors ô Princesse belle & sage,
Le digne ornement de nostre âge,
Vos souhaits seront acomplis :
Nos biens seront incomparables,
Et l'Illustre Tige des Lis
Aura des soutiens perdurables.

# A MONSIEVR L'ABE' DE LA RIVIERE

## ODE.

TOY que le zele ardant & tendre
D'vne fidelle affection,
A fait d'vn nouuel Alexandre,
Le Cratere & l'Epheſtion.
La RIVIERE dont le Genie,
Par vne ſi belle armonie
Eſtale tant d'apas diuers,
Quelque eſpoir de bon-heur me flate,
Si tu daignes voir dans ces vers
La gloire dont ton Maiſtre éclate.

H

# VERS HEROIQVES

Ie sçay bien que ta modestie,
Par vn sentiment trop exquis,
Craint d'oüir la moindre partie,
Du bruit que ton nom s'est acquis :
Mais bien que ton visage change,
Lors que l'on parle à ta loüange,
Et que tu rompes ce propos ;
L'aymable recit des merueilles
Que fait ton illustre Heros,
Est vn charme pour tes oreilles.

Tu prens tant de plaisir d'entendre
L'Honneur qu'on luy void remporter,
Qu'à peine peux-tu te defendre
Des traits, que tu veux éuiter :
Dans la faueur dont il t'honore,
Vn petit incident encore
Va troubler ta felicité :
Car beaucoup de plumes sont prestes
D'écrire qu'il t'a consulté,
A la veille de ses conquestes.

# DE Mʳ TRISTAN.

*Pour dire au vray ce qu'il m'en semble;*
*Sa grandeur n'amoindrit en rien,*
*Si par fois il agite ensemble*
*Son raisonnement & le tien.*
*Le vaillant & prudent Alcide,*
*Ne fut point sans ayde & sans guide,*
*Au plus fameux de ses exploits.*
*Et le chaste Honneur d'Italie,*
*Le Vainqueur des Carthaginois,*
*Consultoit bien son cher Lælie.*

*En ce doux Concert de Lumieres,*
*Qui precedent ses grands progrés,*
*Ses notions vont les premieres,*
*Et les tiennes viennent aprés.*
*Quand ce grand Prince se repose*
*Des projets d'vne grande chose,*
*Sur vn Seruiteur si discret;*
*Cette sorte de confidence*
*Est plûtost fier vn secret,*
*Que demander de la prudence.*

# VERS HEROIQVES

*Les Destins qui te firent naistre,*
*Pour adorer jusqu'à la mort*
*Vn si grand & si digne Maistre,*
*Ont mis tous vos pensers d'acord.*
*Il paroist qu'en chaque ocurrence,*
*Ou ta crainte, ou ton esperance,*
*Respond à celle de GASTON,*
*Comme font en chaque partie*
*Deux luts montez sur mesme ton,*
*Qui resonnent par sympathie.*

*S'il auient que tu treuues juste*
*De m'honorer de ton apuy,*
*Et qu'en loüant vn autre Auguste,*
*I'aye vn Mecene aupres de luy;*
*Tu sçauras si je suis sensible,*
*Et ce trait de bonté possible*
*Aura quelque sorte de prix;*
*Par l'aueu mesme de l'enuie,*
*Il est certain que mes Escris*
*Doiuent durer plus d'vne vie.*

A

# MONSIEVR L'ABE' DE LA RIVIERE.

## STANCES.

POVR ataindre à quelque bon-heur
Apres vn assez long seruice;
Il me faut vn peu de faueur,
Pour joindre à beaucoup de Iustice.

Mon Maistre est bon & genereux,
Et j'ay pour luy risqué ma vie;
Il me doit rendre plus heureux;
Tout l'en presse, tout l'y conuie.

Mais, Esprit docte, Esprit adroit,
Dont les clartez sont plus qu'humaines;
Si vous n'apuyez mon bon droit,
I'ay perdu mon temps & mes peines.

# VERS HEROIQVES

## A MONSIEVR DE PATRIS,

Luy faisant voir l'Ode que j'ay composée à la gloire de Monsieur l'Abé de la Riuiere.

## MADRIGAL.

SI ces vers n'ont rien qui te blesse,
J'auray droit d'en benir les Cieux ;
Mais excuse vn peu leur foiblesse,
Puisque je suis malade & vieux.

Les Ans par leurs courses passées,
Entre mes plus belles pensées,
Ont fait abonder le soucy :

Et tous les Fruits de mon estude
N'ont esté payez jusqu'icy,
Qu'en especes d'ingratitude.

# A MONSIEVR DE VOITVRE,

Sur vn bon office receu.

## STANCES.

VOITVRE c'est trop de moitié,
  Les marques de ton amitié
Me rendent trop ton redeuable.
Prens tu plaisir à me jetter
Au poinct d'vn debteur insoluable
Qui ne peut jamais s'aquiter?

Ma Muse fait tous ses efforts,
Pour assembler tous les tresors
Qu'elle treuue dans son estude;
Mais quoy? la pesanteur des fers
Que luy donne la seruitude,
A meurtry tous ses plus beaux Vers.

*Puis, quelles charmantes couleurs,*
*Dans les plus agreables fleurs,*
*Sont dignes de ce bon office?*
*Et peut-on auec équité*
*De ce qu'on offre à l'artifice,*
*Couronner la fidelité?*

*Si tu veux m'obliger ainsy*
*Par vn si genereux soucy,*
*Acrois le bruit de mon estime:*
*Rens mon style plus fleurissant,*
*Ou fais que je porte sans crime*
*Le tiltre de méconnoissant.*

## A LA SERENISSIME PRINCESSE ISABELLE, CLAIRE EVGENIE, Archi-Duchesse des Païs-Bas.

## ODE.

NYMPHES du Mont aux deux coupeaux,
Qui composez de fleurs nouuelles
Des guirlandes & des chapeaux,
Pour les actions immortelles.
Ioignant la grace à la beauté,
Faites-m'en d'vne nouueauté,
Qui ne soit jamais importune :
Mais vueillez bien les façonner,
Et sçachez que j'en veux orner
Vne teste aussi peu commune,
Que la Vertu, ny la Fortune,
En puissent jamais couronner.

## VERS HEROIQVES

*Icy les rares qualitez*
*Veulent des loüanges publiques,*
*Et releuent de leurs beautez*
*Beaucoup de titres magnifiques.*
*Bien que la Majesté du Sang*
*Ait placé dans vn si haut rang*
*Le Sujet dont je fay l'Image;*
*S'il ne rauissoit l'Vniuers,*
*Auec mille ornemens diuers,*
*Plus nobles que son Parentage;*
*Les Peuples qui luy font hommage*
*Ne le verroient point dans mes vers.*

*Mes yeux ne sçauroient s'éblouïr*
*A l'éclat d'vne fausse gloire,*
*Dont les ans font éuanoüir*
*Les vanitez & la memoire.*
*Le seul lustre de la grandeur*
*Ne peut me mettre en bonne odeur,*
*Ce qui n'a point de bonnes marques:*
*Et dans les vices enchaînez,*
*Ie tiens que les Princes mal nez,*
*Ces joüets du Temps & des Parques,*
*Bien qu'ils passent pour des Monarques,*
*Sont des Esclaues couronnez.*

Aussi de peur d'estre repris
De la complaisance hypocrite,
Qui donne laschement du prix
A ce qui n'a point de merite:
I'auois fait vn secret serment
De ne loüer plus hautement
Aucune Puissance mortelle:
Mais, Objet admiré de tous,
Vous qui rendez le Ciel jaloux
En viuant dessus son modelle,
O sage, & Diuine ISABELLE,
Ie le romps pour l'amour de vous.

Vos vertus ont bien merité
Que d'vn style digne d'enuie,
Ie laisse à la Posterité
Quelque portrait de vostre vie:
Et que les Siecles à venir
Conseruans le beau souuenir
D'vn sujet si digne d'vn Temple;
Treuuent vn jour en me lisant,
Qu'vn Esprit fort peu complaisant,
Dans vn témoignage assez ample
Vous apella le digne Exemple,
Et l'honneur du Siecle present.

# VERS HEROIQVES

*Les autres, d'amour enchantez,*
*Peuuent bien commettre des fautes;*
*Releuans de simples Beautez*
*Auecque des couleurs trop hautes.*
*Mais je suis exempt du soupçon*
*D'errer de la mesme façon,*
*Dans le saint zele qui m'enflame:*
*Car sur les traits les mieux placez*
*Que mes pinceaux auront tracez,*
*En depeignant vostre belle Ame,*
*Ie ne puis receuoir de blâme*
*Que pour n'en dire pas assez.*

*Ces Vierges au soin vigilant,*
*Que l'on nomme les Destinées,*
*N'ont jamais rien fait d'excellent*
*Comme le fil de vos années.*
*Et dans toutes vos actions,*
*Qui de hautes perfections*
*Brillent auec tant d'auantage;*
*On voit que ces Diuinitez,*
*Ioignant les Vertus aux Beautez,*
*Et le jugement au courage,*
*N'employerent en cét ouurage,*
*Que des tresors & des clartez.*

Lors que vous ouurîtes les yeux
Parmy les Bois de Segouie,
L'innocence de ces beaux lieux
Marquoit celle de vostre Vie.
C'estoient des presages secrets,
Que de la Reyne des Forets
Vous aimeriez les exercices;
Et qu'vn Lys ayant enfanté
Vn autre Lys de pureté
Inaccessible à tous les vices,
Vous viuriez bien loin des delices
Et de la molle oysiueté.

Les Graces, ces trois belles sœurs,
Tour à tour au col vous porterent,
Et de leurs celestes douceurs
Soigneusement vous alaiterent.
Lors pour voir vos jeunes beautez,
Les champestres Diuinitez
Se presenterent bien peignées :
Et chaque Nymphe de ruisseau
Quitant son humide Vaisseau,
Des sources les plus éloignées,
Vint jetter à pleines poignées
Des roses sur vostre berceau.

# VERS HEROIQVES

Si tost que vous sceûtes former
Les premiers accens du langage,
Minerue encline à vous aymer,
Vous en vint aprendre l'vsage.
Les Muses qui dans vos ébas
Seruoient en vn âge si bas,
Furent apres vos Secretaires;
Et vous donnans mille leçons,
Tantost à l'ombre des buissons,
Tantost par les bois solitaires,
Vous enseignerent les mysteres
De leurs plus sçauantes chansons:

Diane pour vous diuertir,
Quand l'estude vous rendoit triste,
Venoit par fois vous auertir
De suiure vne beste à la piste.
Lors en vain les Cerfs & les Dains
Trauersoient à bonds si soudains
La forest qui fut leur hostesse:
Dés que vous les auiez poussez,
Ils restoient ou pris, ou blessez;
Car rien ne trompoit vostre adresse,
Et vous atteigniez de vitesse
Les traits que vous auiez lancez.

## DE Mr TRISTAN.

Par fois vn sanglier furieux,
Qui mettoit vn païs en crainte,
De vostre dard victorieux
Eprouuoit la mortelle ateinte.
Vous découuriez tant de beauté,
De courage & d'agilité,
A dompter la beste insolente,
Qu'à voir vostre grace & vos coups,
On tient qu'vn sentiment jaloux
Eust empesché cette Athalante,
Qui fut si belle & si galante,
D'oser chasser auecque vous.

Quelquesfois en de mornes lieux
Assise dessus l'herbe fraische,
Vostre bras, vostre ame, & vos yeux
Se treuuoient tendus à la pesche.
Souuent à l'enuy, les poissons
Se rendoient à vos hameçons,
Comme aux plus beaux filets du monde.
Et lors qu'ils ne s'y prenoient pas,
C'estoit qu'oubliant le repas,
Cette troupe si vagabonde,
S'arrestoit à voir hors de l'Onde
Beaucoup de plus charmans apas.

## VERS HEROIQVES

Tantost à de faux arbrisseaux
Sur qui la glus estoit pressée,
Vous alliez prendre des Oyseaux,
Dont l'aisle estoit embarassée.
Mais ces petits hostes de l'air
Auoient dequoy se consoler,
Lors que vous leur faisiez la guerre:
Puis qu'en cette aymable saison
Des Princes de grande Maison,
Dont on a veu que le Tonnerre
A fait trembler toute la Terre
Eussent enuié leur prison.

Tantost vous amassiez des fleurs,
Au temps que le Soleil les ouure,
Apres qu'il a seché les pleurs
Dont l'Aurore au matin les couure.
Lors, par tout sur vostre chemin,
L'Oeillet, la Rose ou le Iasmin
Faisoient l'honneur de leur Empire.
Exhalans vn parfum si doux,
Et s'enclinans à vos genoux
Auec la faueur du Zephire,
Leur douce odeur sembloit vous dire
Belle Princesse cueillez nous.

On

On vous portoit des vases d'or
Sur le vert émail des prairies,
Que vous remplissiez d'un tresor
De ces fragiles pierreries.
Mais du degast que vous faisiez
Par tout où vous vous conduisiez,
L'excez ne s'y pouuoit connestre,
Flore en sembloit s'enorgueillir,
Et les Fleurs ne pouuoient faillir
Aux lieux où vous daigniez parestre,
Car vos pas en faisoient plus naistre,
Que vos mains n'en pouuoient cueillir.

C'est ainsi que vos jeunes ans,
Loin du crime & de la licence,
En vos esbas les plus plaisans,
S'acompagnoient de l'innocence.
Ainsi vostre âge s'augmentant,
Et vostre merite éclatant,
D'vn lustre difficile à croire;
Vostre Esprit d'honneur reuestu,
Par vn chemin fort peu batu,
Cherchoit vne place en l'Histoire,
Et s'auançoit deuers la Gloire,
Sous la guide de la Vertu.

O que le Printemps de vos jours
Fit éclore d'autres merueilles!
Que vostre grace & vos discours
Enchanterent d'yeux & d'oreilles!
Que vous découurites d'atraits!
Que vous exposâtes de traits
D'vn Esprit tout meur & tout sage
Et qu'en vostre jeune beauté,
Vne honneste seuerité
Mettant les vertus en vsage,
Tempera sur vostre visage
De douceur & de Majesté!

  Vostre bouche ne proferoit
Que de grands & de clairs Oracles;
L'Europe vous consideroit
Ainsi qu'vn recueil de Miracles.
Philipe, ce grand Potentat,
Qui ne limita son Estat
Que du tour de deux Hemispheres,
Vous jugeoit-il pas desormais
Capable d'en porter le faix?
Eût-il de meilleurs Secretaires
Aux plus importantes affaires?
Soit de la Guerre, ou de la paix.

## DE Mr TRISTAN.

　　Ce grand Prince de qui l'honneur
S'acrût d'vne si longue suite,
Vous donnant part à son bon-heur,
Vous apelloit à sa conduite.
Lors vostre fidelle amitié
Receuoit toûjours la moitié
De sa joye & de sa tristesse :
Et telle qu'vn nouueau Soleil,
Déja vostre Esprit sans pareil,
Dans vne si tendre jeunesse,
Augmentoit auec sa sagesse
Les lumieres de son Conseil.

　　Sans doute vos auis secrets,
Dans les terres les plus lointaines,
Ont causé les fameux progrés
Qu'ont fait tous ses grands Capitaines.
Sans doute l'ordre qu'il a mis
A surmonter ses Ennemis,
Venoit de vos sages paroles ;
Et par vous imposant des loix
A beaucoup d'infidelles Rois
Qui s'éleuoient entre les Poles,
Sur le debris de leurs Idoles,
Il a fait arborer la Croix.

## VERS HEROIQVES

Se reposa-t'il pas sur vous
Du soin de ces belles Prouinces,
Lors qu'il vous donna pour Espoux
Vn des meilleurs de tous les Princes?
Dieux! n'eust esté que l'Vniuers
Est indigne en ce temps peruers
D'auoir des fruits de vostre couche,
Selon l'ardeur que nous sentons
Dans les vœux que nous enfantons
Sur chaque sujet qui vous touche,
Nous aurions veu de vostre souche
Naistre d'immortels rejetons!

Que vostre auenement icy
Causa de danses & de festes!
Le Ciel en fut tout éclaircy,
La Mer en calma ses tempestes.
Que d'esprits furent captiuez,
Que de cœurs se virent grauez
De la Beauté de vostre Image!
Que vous finistes de douleurs,
Que vous essuyâtes de pleurs,
Et que dessus vostre passage,
Le peuple pour vous faire hommage
Se rendit prodigue de fleurs!

La Bonté qui se resolut
De vous les donner en partage,
Determina de leur salut
Dessus le point de leur naufrage.
Depuis en ces païs broüillez,
De tant de guerres trauaillez,
Un meilleur estat on obserue;
Car bien que la rebellion
Ataque toûjours le Lyon;
Vostre presence le conserue,
Comme l'Image de Minerue
Conseruoit les murs d'Ilion.

Heureux si la faueur des Cieux,
Par vne secrete tendresse,
Auoit plutost fourny ces lieux
D'vne si charmante Maistresse.
Ce preseruatif sans égal
Les auroit garantis d'vn mal,
Qui parut grand dés sa naissance;
Car vos Rebelles indomptez
S'ils eussent connu les bontez
D'vne si diuine Puissance,
Iamais de vostre obeïssance
Ils ne se fussent reuoltez.

*Aussi vostre celeste aspect*
*Et vos vertus qui sont si rares,*
*Donnent du zele & du respect*
*Aux personnes les plus barbares.*
*C'est chez toutes les Nations,*
*Qu'on parle de vos actions*
*Auecque des honneurs extrémes :*
*Et vouloir indiscretement*
*Choquer ce commun sentiment,*
*Seroit proferer des blasphemes,*
*Que parmy vos Ennemis mesmes*
*On puniroit seuerement.*

*Vos sentimens sont embelis*
*De toutes les plus belles choses,*
*Ils ont la pureté des Lys,*
*Et la pudicité des Roses.*
*Le bien-faire est vostre element,*
*Et c'est si legitimement*
*Que vostre vie est admirée,*
*Qu'alors qu'vn sort malicieux,*
*Menaçoit son fil precieux,*
*Les habitans de l'Empirée,*
*Pour en prolonger la durée,*
*Sont par fois descendus des Cieux.*

Grand Protecteur de nos Autels,
Qui là-haut comblé de delices,
Fais accepter aux immortels
Nos larmes & nos Sacrifices:
ALBERT qui viuant icy bas,
As fait preuue en tant de combas
D'vne valeur émerueillable;
Maintenant qu'auecque le jour
Tes yeux peuuent faire le tour
De toute la Terre habitable,
Y vois-tu rien de comparable
Au chaste Objet de ton amour?

Ne se fait-elle pas aimer
Aux Nations les plus estranges?
Quelle langue peut s'exprimer,
Et ne conte point ses loüanges?
La Courriere de l'Vniuers,
Qui tient toûjours cent yeux ouuerts
Et cent bouches & cent oreilles,
A-t'elle veu quelques Citez,
Ny quelques hameaux habitez,
Sans leur aprendre les merueilles
De sa pieté, de ses veilles,
Et de ses generositez?

# VERS HEROIQVES

N'est-ce pas cét Objet charmant
Qui dans l'heur & dans les trauerses,
A partagé fidelement
Toutes tes fortunes diuerses ?
N'est-ce pas ce fidele sein
Qui gardoit ton secret dessein,
L'augmentant d'auis necessaires ;
Et cét esprit bien temperé
Qui reçoit d'vn front asseuré
Les accidens les plus contraires,
Et gouste les choses prosperes
D'vn visage si moderé ?

Quand tu marchas deuers Nieuport,
Poussé de cette noble audace,
Qui fit cent fois teste à la Mort,
Et braua mesme ta disgrace,
Ne fut-ce pas cette Beauté
Qui treuuant ton camp reuolté
D'vn beau despit fut animée ?
Et lors que moins on l'atendoit
De ce front qu'elle hazardoit
Dans la poudre, & dans la fumée,
Fit reprendre à toute vne armée
Le courage qu'elle perdoit ?

Ses

## DE Mr TRISTAN.

Ses yeux en leurs doux mouuemens,
Meslans la grace à la colere,
Brilloient plus que les Diamans
Qu'elle proposoit pour salaire.
Ses Commandemens absolus
A tes Soldats irresolus,
Redonnerent vn nouueau zele;
Oublians dessous cette loy
Leur interest, ou leur effroy,
Firent-ils pas vn vœu fidele,
Ou de vaincre pour l'amour d'elle,
Ou de mourir aupres de toy?

Trois mille hommes des ennemis
Défaits par eux dans vn passage,
Du deuoir qu'ils auoient promis
Furent le premier témoignage.
Et sans que la fatalité
D'vn conseil trop precipité
Changea tes bonnes auantures,
L'Hydre Belgique en tes progrés
Auroit payé les interests
De tant de cruelles morsures;
Et toute pleine de blessures
Seroit morte dans ses Marets.

L

# VERS HEROIQVES

*A ce siege, où l'on rechercha*
*Tout ce que peut l'art de la guerre,*
*Où l'ennemy se retrancha*
*De plus d'ossemens que de terre:*
*Au Cimetiere renommé,*
*Pour qui l'Ocean fut armé*
*De tant de voiles & de rames;*
*Où par de cruels traitemens,*
*Les Soldats & les Elemens,*
*La peste, le fer, & les flames,*
*Des dépoüilles de cent mille ames,*
*Enrichirent les monumens.*

*Deuant Ostende que bouclant*
*Malgré l'Onde qui l'enuironne,*
*Tu fis le Theatre sanglant*
*Des jeux tragiques de Bellonne.*
*Ce rare Exemple d'amitié,*
*Cette illustre & chaste moitié*
*Qui vole où l'honneur la conuie;*
*Suiuit-elle pas ta valeur,*
*Sans jamais changer de couleur*
*En des lieux où par quelque enuie,*
*Mars sembloit exposer ta vie*
*Aux insolences du malheur.*

Ne la voyoit-on pas alors
S'exercer en ses promenades,
Soit à faire enterrer les morts,
Soit à prendre soin des malades.
Que de gens qui se portent bien,
Sans elle ne seroient plus rien :
Que des poussieres épanduës,
Et durant ces calamitez,
Que d'ames aux extremitez
Se sont dans le Ciel renduës,
Qui seroient possibles perduës
Sans ses extremes charitez.

Apres, quand tu fis rajeunir
Tous ces Estats par ta prudence,
Y faisant en fin revenir
Le repos avec l'abondance.
Ses desirs conformes aux tiens,
Pour combler la Flandre de biens,
Ouvrirent-ils pas mille portes ?
Et par ses liberalitez
Qui rendent le lustre aux Citez,
Les Sciences qui sembloient mortes,
Et les Arts de toutes les sortes,
Furent-ils pas ressuscitez ?

*Mais quand ce fut au dernier soir*
*Qui te déroba la lumiere:*
*Quand le sommeil se vint assoir*
*Pour jamais dessus ta paupière:*
*Lors que sur l'aisle des Vertus,*
*Laissant tes membres abatus,*
*Ton Ame au Ciel fut revolée;*
*De quel vif & mortel soucy*
*Son cœur ne fut-il point transy:*
*Quelle Arthemise desolée,*
*En ordonnant un Mausolée,*
*Eût plus d'honneur que celle-cy?*

*Icy je me suis écarté,*
*O Princesse pleine de charmes:*
*Touchant à vostre pieté,*
*J'aurois peur d'émouuoir vos larmes.*
*L'habit cendré que vous portez,*
*Et les soûpirs que vous jettez,*
*Au recit que j'ay fait entendre,*
*Monstrent bien que dans les malheurs*
*Qui font de semblables douleurs,*
*Nul autre n'a le cœur plus tendre,*
*Et qu'encor cette heureuse cendre*
*Reçoit bien souuent de vos pleurs.*

## DE Mr TRISTAN.

En ce lieu je n'ose étaler
Mille choses à vostre gloire,
De crainte de renouueler
Vos ennuis auec cette Histoire.
Ie ne dois plus parler de dueil
Que pour loüer le bon acueil
Et les obligeantes caresses,
Dont par vos soins officieux
Vous tâchez d'essuyer les yeux,
Et de consoler les tristesses
De deux des plus grandes Princesses
Qu'on verra jamais en ces lieux.

France sans égale en bon-heur,
Ressouuien-toy qu'en ces Prouinces
Cette Princesse auec honneur
A recueilly tes plus grands Princes.
Ressouuien-toy qu'en ce besoin,
Elle n'en a pris tant de soin
Que par vne ardeur innocente:
Et cela fait assez de foy,
Que si cette fille de Roy
Sort de ta tige florissante,
Elle n'est pas méconnoissante
Du bien qu'elle a receu de toy.

## VERS HEROIQVES

*Mais ce trauail delicieux*
Tient mon ame assez suspenduë :
Pour des loisirs si precieux,
Ces vers ont assez d'estenduë.
Dans ce legitime deuoir,
Ie deuois bien m'aperceuoir,
Combien mon audace est étrange,
L'honneur où je veux paruenir
Ne se peut jamais obtenir,
Si ce n'est par les soins d'vn Ange ;
Et je commence vne loüange
Qu'on ne sçauroit jamais finir.

*Grande Princesse le respect,*
Ne veut pas que je continuë :
I'aprehende d'estre suspect
De blesser vostre retenuë.
Ie voy mesme qu'en ce transport,
Mon Genie a fait vn effort
A des sentimens si modestes ;
Et si je n'ay pas recité,
O mortelle Diuinité,
Que la moindre part de vos gestes,
Qui surpassent les feux celestes,
Soit en nombre, soit en clarté.

# ODE ROYALE,

Sur l'heureux mariage

## DE LEVRS SERENISSIMES

# MAIESTEZ

## DE POLOGNE.

**H**YMEN pren ta robe éclatante,
Et viens éclairer en ce jour
La Nopce la plus triomphante,
Où l'Honneur ait conduit l'Amour.
Iunon d'vne pudique bouche,
Preste d'aller benir la couche,
A déja paré les Autels :
Vien chanter cét Epitalame
Qui de deux filets immortels
S'en va faire vne heureuse trame.

# VERS HEROIQVES

❧

 L'Amant est le grand LADISLAS,
Respecté de toute la Terre,
Que la Gloire en mille combats,
A pris pour le Dieu de la Guerre.
C'est ce Prince victorieux
Qui s'est fait jour en mille lieux,
Dans le sang & parmy la poudre:
Et qui defendant le Niester,
Sur l'Othoman lança la foudre
De la force de Iupiter.

❧

 Il a pour Objet de sa flame
Vn nouueau miracle des Cieux,
Qui des lumieres de son ame
Respond à celles de ses yeux.
C'est cette charmante Princesse,
Pour qui nos cœurs formoient sans cesse
Les vœux que l'on void acomplis.
Cette belle & pudique Rose,
Qui des langueurs d'vn de nos Lys,
Fut autrefois l'aimable cause.

*Qu'il*

# DE Mr TRISTAN.

*Il eut raison de fondre en pleurs,*
*Quand des influences malignes*
*Pour separer ces belles Fleurs,*
*Firent produire tant d'épines!*
*Certes qui void cette Beauté*
*Eleuée à la Royauté,*
*Admire ses apas extrémes:*
*Et treuue en l'éclat de ses yeux*
*L'excuse de tous les blasphemes,*
*Qu' Amour vomit contre les Cieux.*

*Mais cette Merueille du Monde,*
*Digne des Destins les meilleurs,*
*Manqua d'estre icy la seconde,*
*Pour estre la premiere ailleurs.*
*Le Ciel dont elle fut instruite,*
*Le Ciel qui l'a toûjours conduite,*
*S'est obligé de la pouruoir:*
*Et ses vertus estoient des marques*
*Qu'elle deuoit un jour s'asseoir*
*Dans le rang des plus grands Monarques.*

M.

# VERS HEROIQUES

*Déja dans vn grand apareil,*
*Vn Astre brûle au bord d'vn Fleuue*
*D'estre l'Epoux de ce Soleil,*
*De qui la France sera Veuue.*
*O que de vœux & de desirs,*
*D'impatience & de plaisirs*
*Attendent bien loin son merite!*
*Et que de sensibles douleurs*
*Vont causer aux lieux qu'elle quitte*
*De cris, de soûpirs, & de pleurs.*

*Toy qui de l'heur de ces Prouinces*
*Couronnes tes heureux Destins,*
*Et chez les plus Augustes Princes,*
*Fais honorer tes Palatins,*
*Roy que la Fortune acompagne,*
*Et qui par tout comme en campagne*
*Es sçauant en l'art de regner;*
*Tu receuras ce que merite*
*L'honneur que l'on t'a veu gagner*
*Sur le Turc & le Moscouite.*

C'estoit trop peu que du butin,
Arosé de sang & de larmes,
Qu'à tous les Peuples du matin
Tu fis quiter auec les armes.
Aujourd'huy tes trauaux passez
Se treuueront recompensez
Par des Nopces si glorieuses :
Tu t'aquiers en te mariant
Des Richesses plus precieuses
Que celles de tout l'Orient.

Ayant fait de si belles choses
Au front de tes nobles Guerriers ;
Tu meritois d'auoir des Roses
Illustres comme tes Lauriers.
Celle que la France te donne
En cette adorable personne,
Est bien digne de ta grandeur :
Puis que sa haute renommee
Est comme vne excellente odeur
Par toute la Terre semée.

# VERS HEROIQVES

Qu'il naisse d'agreables fruits
De cette Fleur qu'on te reserue,
Des Amours en seront produits,
Enfans de Mars & de Minerue ;
Ce seront Ayglons assemblez,
Par qui seront vn jour troublez
Les Estats des Princes barbares,
Et qu'on verra victorieux
Cueillir des Palmes aussi rares
Que les Palmes de leurs Ayeux.

# A MONSEIGNEVR LE PRINCE,

Sur la Victoire de Rocroy.

## ODE.

IEVNE Prince ardant à la gloire,
Et que la main de la Victoire
Vient fraischement de couronner ;
Apres des choses si celestes,
Tous les tiltres son bien modestes
Que nos vers vous peuuent donner.

On peut dire que cét Alcide
Qui prenant la Vertu pour guide
Donna de si celebres coups :
Quoy que la splendeur de sa vie
Eust fermé la bouche à l'Enuie,
N'eut jamais tant d'honneur que vous.

*La mort du Lyon de Nemée*
*Qui fit aller sa renommée*
*Où le Soleil peut éclairer;*
*Estoit-ce vn sujet heroïque*
*A l'égal du Lyon Belgique,*
*Que vostre bras vient d'aterrer?*

*En cét Ennemy redoutable,*
*Vostre courage incomparable*
*Auoit matiere d'éclater;*
*Icy vostre noble colere*
*Auoit cent Hydres à defaire,*
*Et cent Monstres à surmonter.*

*O que vostre valeur insigne,*
*D'vn art dont vous seul estes digne*
*Donna de cœur à nos Guerriers!*
*Quand vos bras lancerent la foudre,*
*Et parmy le sang & la poudre*
*Firent des moissons de Lauriers.*

## DE Mr TRISTAN.

*Mais que vostre sagesse est grande!*
*De quelle grace elle commande*
*Au fort mesme de la chaleur!*
*Cette Palme acquise à la France,*
*Est vn Prix que vostre prudence*
*Partage auec vostre valeur.*

*LOVIS, nostre Ange tutelaire,*
*Astre dont la forme est si claire,*
*Voy les Espagnols déconfis.*
*Considere nos auantages,*
*Et ce que valent tes suffrages*
*A la Fortune de ton Fils.*

*Cét Ayglon dont l'âge est si tendre*
*En seureté peut bien attendre*
*Les ans de son acroissement;*
*Si le Ministre de ses armes*
*A tant de graces & de charmes,*
*De Valeur & de Iugement.*

# A SADITE ALTESSE,
### Sur le progrés de ses Armes
# EN ALEMAGNE.
# SONNET.

PRince victorieux que la Gloire conduit,
Et que dans les perils la Fortune acompagne;
Vos illustres Exploits alarment de leur bruit,
Et l'Aigle de l'Empire, & le Lyon d'Espagne.

Ce Fleuue imperieux qui laue l'Alemagne,
Est afranchy des fers, où l'on l'auoit reduit :
Et s'étonne de voir recueillir tant de fruit
Par les nobles trauaux d'vne seule Campagne.

Poursuiuez, Grand Heros qu'admire l'Vniuers :
L'Eclat de vostre Espée & celuy de nos Vers,
Pour vous placer bien haut treuueront peu d'obstacles.

Tout ce qui semble à craindre en vos illustres fais,
C'est que vostre valeur produit tant de Miracles,
Que la Posterité ne les croira jamais.

A

DE Mr TRISTAN.

## A MONSEIGNEVR
## LE MARESCHAL
# DE SCHOMBERG,
### Sur le Combat de Locate.
## ODE.

Dv vert Laurier qui te couronne
J'ay senty l'immortelle odeur,
Et la gloire qui t'enuironne
M'échauffe d'vne sainte ardeur.
Je sens bien que ma veine s'ouure,
Et qu'il faudra qu'elle découure
Vn feu qu'elle ne peut cacher :
Grand SCHOMBERG je romps le silence
Pour vn Nom si noble & si cher,
Et déja ma flame s'élance
Auec autant de violence
Que l'eau qui jallit d'vn Rocher.

# VERS HEROIQVES

Tes heroïques auantures
Que les Muses vont mettre au jour,
Donneront aux races futures
De la merueille & de l'amour.
Vne ardente & claire Planette
Ne sçauroit souffrir qu'on me mette
Au rang des vulgaires Autheurs;
Ma plume a des traits infaillibles,
Et sçait des secrets enchanteurs,
Par qui tes miracles visibles,
S'ils ne treuuent des insensibles,
Treuueront des Adorateurs.

Mais le trauail où je m'aplique,
Demanderoit trop de vigueur;
D'vne image si magnifique
Ie ne dois peindre que le cœur.
Vn autre ocupera ses veilles,
A marquer les hautes merueilles,
Des qualites dont tu reluis:
Il fera voir auec adresse
Tes ans aux bonnes mœurs instruis,
Dans le Printemps de ta Ieunesse:
Ces belles fleurs dont la promesse
S'aquite par de si beaux fruits.

Son dessein voudra qu'on obserue,
Ton Pere qui fut sans pareil,
Pour l'vne & pour l'autre Minerue,
Aux combas & dans le Conseil.
Il dira sous quel bon presage
Ce Nestor si braue & si sage
T'offrit à l'Astre de la Cour.
Comment il t'imprima la grace
De cette paternelle amour,
Et te fit marcher sur sa trace,
Comme vn Aigle conduit sa Race,
Et l'expose à l'Astre du jour.

De moy, dans le cours d'vne guerre
Fameuse entre tous les humains,
Ie veux imiter le Tonnerre,
Qu'on a veu partir de tes mains ;
Vn noble orgueil enfle mon ame,
Qui de sang, de fer & de flame
Doit enrichir tout ce discours ;
N'enten-je pas déja Bellonne
Qui t'apelle à nostre secours ?
I'oy déja le Canon qui tonne,
Et toute la Coste resonne
De trompettes & de tambours.

# VERS HEROIQVES

L'Air & les Ondes estoient calmes
Et les Ennemis sans soupçon,
Cette nuit où de tant de Palmes
Tu fis la celebre moisson.
LOCATE toute desolée
Estoit preste d'estre immolée
A la rage de l'Estranger,
Quand tu vis sa dolente Image
Autour de ton Camp voltiger,
Et soliciter ton courage
D'vn triste & d'vn muet langage
De la retirer du danger.

A peine, dans la violence,
Que tu souffris de sa douleur,
Peux-tu permettre à ta prudence
D'agir auecque ta valeur,
Dans la perilleuse entreprise,
De luy redonner la franchise
Tout autre auroit pâly d'effroy ;
Mais pour courir à la Victoire,
Tu ne consultas que ta foy,
Et ne gardas en ta memoire,
Que le seul Objet de la Gloire,
Et le soin de seruir ton Roy.

## DE Mr TRISTAN.

Tel parut le fils de Pelée,
Brûlant d'vn genereux transport
Quand il eut veu dans la meslée
Son Amy qu'on remportoit mort.
Et tel Diomede en furie
Pour le salut de sa Patrie
D'vne noble ardeur fut poussé :
Lors que s'oposant à l'Orage
Dont son Camp estoit menacé ;
Il paya seul de son courage,
Et signala dans le carnage,
La pique dont Mars fut blessé.

Au bruit de ta marche effroyable,
Cerbelon aueuglé d'orgueil,
Ne treuuoit pas imaginable
Que ce Roc deuint son Ecueil.
D'vne soigneuse vigilance
Il fit border en diligence
Tous ses retranchemens de feux :
Bien que ce grand homme de guerre
Iugeast l'estat peu hazardeux
Où des hommes couuerts de terre
Et fauorisez d'vn tonnerre
Se treuuoient quatre contre deux:

Mais, ô viue Image d'Achile,
Deuant qui tout lasche le pié;
Qui ne te comptoit que pour mille,
Comptoit trop peu de la moitié.
Il ignoroit que ton Espée
Dans vne eau fatale trempée,
Porte l'horreur & le trespas :
Que c'est elle qui sçait resoudre
Les difficultez des Combas,
Et qui dans le sang & la poudre,
Fait voler des éclats de foudre
Par tout où s'auancent tes pas.

Cependant on a pris l'alarme;
Et par mille cris épandus,
L'Ennemy s'est deffait du charme
Qui tenoit ses sens suspendus.
De tous costez la charge sonne,
Auec toy, tout le monde donne;
La flame prend, l'acier reluit,
Les cheuaux & l'Infanterie,
Font naistre vn effroyable bruit
D'vne épouuentable furie,
Et le jour de l'Artillerie
Fait peur aux ombres de la nuit.

## DE Mr TRISTAN.

O Dieux ! qu'une ataque si prompte
Fait voir de Tableaux de l'Enfer !
Que de larges bouches de fonte
Vomissent la flame & le fer !
Que de grenades sont lancées,
Que de piques sont herissées
Pour s'oposer à ton effort !
Et tandis que ton bras immole
Les bazanez à cét abord
Dans la grêle du plomb qui vole,
Que de gens perdent la parole,
Ou parlent d'horreur & de mort !

Ton cheual qui paroist superbe
D'estre chargé d'vn nouueau Mars,
D'vn pied brusque foule sur l'herbe
Mille corps & mille Estendars.
On ne void que morts sur ta trace
De tous costez ton bras terrace
Le Castillan ambitieux.
Qui gardant son humeur altiere
Monstre vn aspect audacieux,
Quand la mort ferme sa paupiere,
Et mesme en mordant la poussiere,
Semble encor depiter les Cieux.

*Les grandes plumes enjoüées,*
*Dont ton front se fait ombrager*
*Du vent du feu sont secoüées,*
*Tant elles sont pres du danger.*
*Demon qui presides aux armes,*
*Considere à combien de larmes*
*Sa perte obligeroit nos yeux.*
*Ou plûtost sainte Providence*
*Dont le soin penetre en tous lieux,*
*Voy, de grace, où SCHOMBERG s'auance;*
*Et pour le bon-heur de la France*
*Sauue des jours si precieux.*

*Cette requeste est exaucée,*
*Mon Heros est en seureté;*
*Et la Victoire balancée,*
*Passe toute de son costé.*
*Il est à couuert de l'orage,*
*Tout cede aux effets d'vn courage*
*A qui l'honneur paroist si cher;*
*La Fortune qui l'acompagne*
*En triomphe le fait marcher;*
*Et fait voir aux Lyons d'Espagne,*
*Que lors qu'il paroist en campagne,*
*Leur salut est de se cacher.*

*Deuant*

## DE Mr TRISTAN.

    *Deuant ce foudroyant Tonnerre,*
*L'Ennemy fuit confusement ;*
*Ne pouuant plus garder de terre*
*Il regagne vn autre Element.*
*A peine son Chef temeraire*
*Peut treuuer le temps necessaire*
*Pour remonter sur ses Vaisseaux :*
*Il n'a plus de desir dans l'Ame*
*De faire de desseins nouueaux,*
*Et les siens sans craindre de blame,*
*De peur du fer & de la flame,*
*Se precipitent dans les Eaux.*

    *Nymphes qui de Bouquets d'Oranges,*
*Couronnez l'or de vos cheueux,*
*Qu'vn Sacrifice de loüanges*
*Succede à vos timides vœux.*
*Maintenant vostre grand Alcide*
*A qui la Vertu sert de Guide,*
*Et qui passe tous ses Riuaux ;*
*Par des assistances celestes,*
*A finy l'vn de ses trauaux :*
*Et si l'on void encor des restes*
*De tant de matieres funestes,*
*C'est sous les pieds de ses cheuaux.*

                                        O

# VERS HEROIQVES

*Sous ce Protecteur inuincible,*
*Vostre repos est asseuré*
*Vous aurez vn calme paisible,*
*Tel qu'il fut au siecle doré.*
*L'Estranger dessus vos riuages,*
*Ne fera jamais de rauages;*
*Il s'en est alé sans retour.*
*Et si rien murmure, ou soûpire,*
*En vostre agreable sejour;*
*A l'auenir on pourra dire*
*Que c'est quelque effet de Zephire,*
*Ou que c'est quelque effet d'Amour.*

# POVR MADAME LA MARESCHALE DE SCHOMBERG.

## STANCES.

CE n'est point vne verité,
Ce n'est rien qu'vn songe agreable,
Qui le jour m'a representé
Qu'vn Ange m'estoit fauorable.
Ne m'en deust-il rien auenir :
Beau songe dont le souuenir,
Charme si doucement ma peine,
Tu m'as fait sans-doute vn honneur,
Dont mesme l'image incertaine
Me doit tenir lieu de bon-heur.

# VERS HEROIQVES

J'ay veu ce Chef-d'œuure des Cieux
Où la Vertu paroist placée;
J'ay veu HAVTEFORT de mes yeux,
Mais c'est des yeux de la pensée:
Toutefois n'importe comment.
J'ay veu l'Objet le plus charmant
Qui face chanter nos Orphées;
J'ay veu celle qui sous ses loix,
A veu les superbes trophées
De la liberté de deux Rois.

O qu'elle a d'apas éclatans
Dans l'Esprit & dans le visage
A qui les Parques, ny le Temps
Ne doiuent jamais faire outrage!
O que de grace & de beauté,
De courage & d'honnesteté
Se treuuent au cours de sa vie!
J'auoüe auec confusion
Que mon Ame encore est rauie
D'vne si belle illusion.

Le Sort ne me fait plus de mal,
Lors que je pense à la merueille
De cette bouche de Coral,
Dont le son frapa mon oreille,
De ce ton de voix si charmant,
Qui pourroit souuerainement,
Imposer l'ordre à toutes choses,
Le suffrage est d'vne valeur
Capable de changer en roses
Les espines de mon malheur.

Si j'auois des facilitez,
A me fonder dessus des songes ;
Mille importunes veritez
Me passeroient pour des mensonges.
Ie m'atendrois que HAVTEFORT
Portant ses beaux yeux sur mon Sort,
Feroit cesser ses injustices :
Car ses sentimens genereux
Ont toujours treuué des delices,
A proteger les malheureux.

## VERS HEROIQVES

*Mais son effort n'obtiendra rien,*
*Et quelque Estoile mal placée*
*Qui m'empesche d'auoir du Bien,*
*Le deffend mesme à ma pensée.*
*Belle bouche, Bouton vermeil,*
*Pour qui nostre jeune Soleil*
*Brûle d'vne ardeur innocente;*
*Bien que vous luy faciez la Loy,*
*Vous serez possible impuissante*
*Si vous osez parler pour moy.*

DE Mr TRISTAN.

## A LA GLOIRE DV ROY,

Que l'Autheur eut l'honneur de voir, vn jour que sa Majesté se diuertissoit à mettre de petits Soldats en Bataille.

### ODE.

AYMABLE Soleil naissant,
Prince jeune & rauissant
Qui rends nos ames charmées,
O que de faueurs des Cieux,
Et de graces sont semées
Dans ton ame & dans tes yeux!

Ton visage a tant d'apas
Qu'on ne s'imagine pas,
Que ta beauté soit mortelle :
Vn Amour dans vn tableau
Tiré de la main d'Apelle
Ne pourroit estre plus beau.

# VERS HEROIQVES

*L'Astre qui porte le jour*
*Ne peut en faisant son tour*
*Voir vne merueille égale ;*
*La Minerue dont tu sors*
*Te fut vrayement liberale*
*De ses celestes tresors.*

*Mais ton esprit curieux*
*De ce mestier glorieux*
*Qu'ayment tous les grand Monarques,*
*Auec beaucoup de chaleur*
*Donne de visibles marques*
*De ta future valeur.*

*Alexandre qui s'aquit*
*En cent peuples qu'il vainquit*
*Toute la gloire des armes,*
*Gagnoit en ses jeunes ans*
*Auec beaucoup moins de charmes*
*Le cœur de ses Courtisans.*

*Bien*

## DE Mr TRISTAN.

Bien que ses premiers souspirs
Exprimassent des desirs
Plains d'ardeur & de courage;
Ses sentimens tous guerriers
N'embrassoient pas en ton âge
L'art d'aquerir des Lauriers.

Crois jeune Alcide gaulois,
Digne sang de tant de Rois,
Dont le nom remplit l'Histoire.
Crois donc, & le cœur tout gros
D'vn sang alteré de Gloire,
Suy les pas de ces Heros.

Ton Pere en vn âge bas,
Parmy l'horreur des combats,
Porta l'espée & la lance;
Domta la Rebellion,
Et reprima l'insolence,
Et de l'Aigle & du Lyon

*La rondeur de l'Vniuers.*
*Sçait les miracles diuers*
*De sa valeur sans seconde:*
*Et son nom bruira par tout,*
*Tant que les Poles du Monde*
*Seront encore debout.*

*Mais quelque bruit qu'il ait eu*
*Par cette rare vertu*
*A qui tout estoit prospere:*
*L'honneur n'a peu le porter*
*Vers vne si haute sphere,*
*Où tu ne puisses monter,*

*Tu feras par tes exploits,*
*Trembler tous les plus grands Rois*
*Auant qu'il soit plus d'vn lustre:*
*Si cherissant l'équité,*
*Tu sçais de ta Mere illustre*
*Imiter la pieté.*

DE Mʳ TRISTAN.

C'est par ces diuins secrets,
Qu'elle cause les progrés
Que le Ciel donne à tes armes.
Depuis tes plus jeunes ans
Toujours ses deuotes larmes
Rendent tes Lys florissans.

SVR LA
# PROCLAMATION
# DV ROY.

IL est temps qu'vne heureuse Paix
Vienne enfin selon nos souhais,
Fermer le Temple de la guerre;
Puisque nos Lys au mesme jour
Que l'on a mis vn Mars en terre,
Couronnent vn petit Amour.

# A SON EMINENCE.

## STANCES.

LE Tybre pour l'amour de vous
A bien sujet d'estre jaloux
Des felicitez de la Seyne:
Depuis que vostre esprit gouverne sur ses eaux,
Elle dérobe un Astre à la grandeur Romaine,
Et gagne des Lauriers plus qu'il n'a de roseaux.

Si nos Heros victorieux
Portent la terreur en tous lieux,
Et font de si hautes merueilles;
Tant de fameux succés en deux ans ariuez,
Ne doiuent s'apeler que les fruits de vos veilles,
Que dans le Cabinet vous auez cultiuez.

## DE Mr TRISTAN.

Si rien ne nous manque au besoin,
Nous en deuons l'honneur au soin
Que vous auez de tout conduire;
A ces traits de clarté qui peuuent tout rauir,
Qui sçauent éloigner tout ce qui pourroit nuire,
Et sçauent aprocher tout ce qui peut seruir.

Vostre Esprit agissant & fort
Ne doit point aux erreurs du Sort
Son authorité non commune:
Et l'habit éclatant dont vous estes vestu
N'est point vn de ces biens que jette la Fortune,
Mais c'est vn de ces prix que donne la Vertu.

Vostre pourpre jette vn éclat
Par qui la grandeur de l'Estat
Se rend en tous lieux venerable:
Tout orgueil estranger par sa force est soumis;
Elle sert à nos Lys d'vn Astre fauorable,
Et sert d'vne Comete à tous nos ennemis.

# VERS HEROIQUES

*Sous ses auspices bien-heureux,*
*Nos Conquerans auantureux*
*Produisent de si belles choses ;*
*Que les peuples d'Ibere & les peuples Germains,*
*Sont contrains d'auoüer qu'à l'ombre de vos roses*
*Les Palmes tous les jours croissent entre nos mains.*

*Quand LOVIS, ce Roy nompareil,*
*Disparut comme le Soleil*
*Lors qu'il a finy sa carriere :*
*La France desolée autour de son cercueil,*
*Croyoit estre perduë en perdant sa lumiere,*
*Et qu'un trouble effroyable alloit suiure son dueil.*

*Qui n'eust point dit que son Vaisseau,*
*Si bien-tost il ne faisoit eau,*
*Iroit voguant à l'auanture ;*
*Et se verroit toûjours à la mercy des flots,*
*Iusqu'à ce que le Ciel ébranlast la Nature,*
*Et la fit retourner en son premier Chaos ?*

Toutefois l'orage étranger
Ne nous met en aucun danger,
Dont la grandeur nous desespere :
Et nous connoissons bien que le mesme Typhis
Qui tenoit la Boussole en la Barque du Pere,
A pris le Gouuernail en la Barque du Fils.

Il n'est plus ny vague, ny vent,
Qui d'vn Pilote si sçauant
Puisse maistriser la conduite :
Et la temerité qui nous ose fascher,
Void en nous abordant sa puissance détruite,
Comme vn flot qui se creue en frapant vn rocher.

Selon les signes aparans
Nos maux ne seront pas si grans
Que l'on ait peine à s'y resoudre :
Car cette mesme main qui charme la valeur,
Et d'vn coup de chapeau sçait arrester la foudre,
Sçaura bien de l'Estat écarter le malheur.

## VERS HEROIQVES

*Pour rendre nos vœux acomplys,*
*Anges sacrez des fleurs de Lys*
*Soyez ses Anges Tutelaires :*
*Tenez ce grand Ministre éloigné du tombeau ;*
*Car le fil de ses jours & le bien des Affaires,*
*Sont tournez aujourd'huy sur vn mesme fuseau.*

## A MONSEIGNEVR LE CHANCELIER.

### SONNET.

SEGVIER quand tu nasquis vne troupe d'Abeilles
Se posant sur ta bouche y chercha des douceurs,
Pour presage asseuré que l'amour des neuf Sœurs
En feroit découler de sçauantes merueilles.

Depuis, ta vertu jointe aux grands fruits de tes veilles,
T'éleua chez Themis aux supremes honneurs,
Où sans considerer les biens ny les faueurs,
Tu tiens tes yeux fermez pour ouurir tes oreilles.

La France a bien sujet de benir ce grand Roy
Qui selon nos souhaits jetta les yeux sur toy
Pour tenir la Balance en ce puissant Empire.

Il paroist que ce choix estoit vn choix du Ciel :
Et tu prens plus de soins à dispenser la Cire
Que l'Abeille n'en prend à composer le Miel.

# A MONSEIGNEUR LE TELLIER SECRETAIRE D'ESTAT.

## ODE.

CES vers fussent-ils façonnez
Auec plus de magnificence,
Ne seront jamais soupçonnez,
D'vne honteuse complaisance,
Le laurier le plus merueilleux,
Dont le Parnasse est Orgueilleux
Te peut bien seruir de Couronne;
Déja c'est vn point debatu
Qu'en te loüant on ne te donne
Que ce qu'on doit à la Vertu.

Que les graces dans mes labeurs
Ne sont elles plus épanchées!
Pour toy, ces especes de fleurs
Ne sont point de Beautez cachées.
Ceux que rauissent tous les jours,
Ou tes lettres, ou tes discours
Eclatans d'Art & de Lumiere;
Sçauent qu'à ta natiuité
Le Ciel en fort peu de matiere
Répandit beaucoup de clarté.

Les Astres sous d'heureux acors,
De tes jours ourdirent la trame;
Et dans le tissu d'vn beau Corps
Firent couler vne belle Ame.
Les Muses dont tes jeunes ans
Receurent les plus beaux presens,
Sans peine & sans solicitude;
Ont en cent actes glorieux
Fait assez voir que ton Estude
Est comme vn Ouurage des Cieux.

# VERS HEROIQVES

Depuis, les Charges de Themis
Ont tenu ton Ame ocupée,
Et nos Rois en tes mains ont mis,
Et sa Balance & son Espée.
Illustrant cette Dignité,
Tu témoignas qu'à l'équité
Ton cœur fidelement s'atache:
Et fis dire à tous les humains,
Que ton integrité sans tache
Se treuue sans yeux & sans mains.

On peut aujourd'huy t'apeler
Aux emplois qui sont les plus dignes,
Et ta plume a droit de voler
A l'égal des plus nobles Cygnes.
Nul n'a regret à ton bon-heur,
Chacun sçait que c'est vn honneur
Qui ne vient pas à l'auanture;
T'ayant veu toûjours éclater,
Comme ces feux qui de nature
Ne font que luire & que monter.

## DE Mr TRISTAN.

Ta constante fidelité,
Et ta soigneuse diligence
Font reposer en seureté
Les Diuinitez de la France.
Ce n'est pas sans vn juste choix
Que leurs volontez & leurs loix
Par ta plume sont dispensées;
Nul ne pouuoit mieux meriter
De seruir d'Organe aux pensées
De Minerue & de Iupiter.

Soit que les actes des mortels
Les obligent de se resoudre
Pour la grandeur de leurs Autels,
De lancer, ou laisser la foudre.
Ton style doux & glorieux,
Mais noblement imperieux,
Dans la rigueur, ou dans la grace,
Sçaura selon leur sentiment
Exprimer la flame, ou la glace,
L'excez, ou le temperament.

*Poursuy toûjours les nobles pas*
*Qui te conduisent vers la Gloire:*
*Mais le TELLIER ne cesse pas*
*D'aymer les Filles de Memoire.*
*Tu sçais que leurs inuentions*
*Peignent les grandes actions*
*Auec des couleurs magnifiques,*
*Et que du soin des beaux Esprits,*
*Les vertus les plus heroiques*
*Reçoiuent leur plus digne prix.*

*On verra finir l'Vniuers,*
*Auant que de voir terminée*
*L'Image qui dans de beaux Vers*
*Marque la pieté d'Ænée.*
*Et si les miens ont des beautez*
*A faire qu'ils soient respectez,*
*Des ans par qui tout se limite;*
*La sçauante Posterité*
*Aprendra d'eux que ton merite*
*Surpassa ta prosperité.*

# LA MORT D'HYPOLITE,
## A MONSIEVR DE LORME
### IDILE.

BELLE Ame dont les lumieres
Par des secrets si puissans,
Rendent les forces premieres
Aux corps les plus languissans.
DE LORME, Esprit tout de flame,
Qui pour trauailler sans blâme
A maintenir la santé;
D'vn soin difficile à croire
Par le chemin de la Gloire
Tens à l'Immortalité.

# VERS HEROIQVES

Puis qu'en tes doctes presages
On void les decrets des Cieux;
Et que tes moindres ouurages,
Sont des ouurages des Dieux.
Touché du secours fidelle
Qu'en vne fiéure cruelle
Ta franchise m'aporta;
Il faut qu'icy je te nomme
Dans l'Auanture d'vn homme
Qu'vn autre ressuscita.

Le VAILLANT Prince d'Athenes
Apres mille maux souffers,
S'estoit échapé des chaisnes
Et des cachots des Enfers.
Il auoit en son courage
Maudit l'Autheur de l'outrage
Dont sa femme à son retour,
D'vne noire calomnie,
Déguisa l'ignominie
De son execrable amour.

*Déja*

Déja croyant l'imposture,
Ce Pere inconsideré,
Sur la moindre conjecture
Tenoit le crime aueré.
Et pour haster sa vengeance
Auec plus de diligence,
Les yeux en larmes confis,
Dans vne instance importune,
Il auoit prié Neptune
De la perte de son fils.

Tandis le triste Hypolite
Diuertissoit son ennuy
Auec des Nymphes d'elite,
Toutes chastes comme luy.
Et fuyant les autres femmes
Auec leurs lasciues flames
Et leurs amoureuses loix,
Ne prenoit plus de delices
Qu'aux innocens exercices
Que fait la Reyne des Bois.

## VERS HEROIQVES

Tantost il suit à la trace
Quelque Sanglier malfaisant,
Dont il affronte l'audace
Auecque l'épieu luisant.
Tantost au sommet des roches
Il va faire les aproches
De la Cauerne d'vn Ours,
Ou surprendre auec adresse
Les petits d'vne Tigresse
Qu'elle a laissez sans secours.

Il rend par ses assemblées
Auec les Chiens & les rets
Les familles desolées
De ces hostes des forets.
Et la Nymphe mal-contente
Que d'vne voix éclatante
Il réueille les matins ;
Ne cesse dans ses repliques
De l'auertir des pratiques
De ses malheureux Destins.

## DE Mr TRISTAN.

Vn jour assez pres de l'Onde
Pour contempler ses efforts,
Et l'orgueil dont elle gronde
En se creuant sur ses bords.
Sans penser au Monstre horrible,
Que dans vn calme paisible
La Mer tenoit recelé,
Il couroit sur ses arenes
Tenant vn foüet & des rénes
Dans vn Char bien atelé.

Tout à coup vn Mont liquide
Paroist au milieu des flots
Qui tient dans son flanc humide
Vn nouueau tonnerre enclos.
De cette masse animée,
Des tourbillons de fumée
S'éleuent à tous momens,
Et souuent d'vne ouuerture
Il sort vne flame obscure
Auec des mugissemens.

# VERS HEROIQUES

A mesure qu'elle arriue
Vne suprenante horreur
Fait trembler toute la riue
D'vne secrette terreur.
Mais bien tost elle se créue,
Et vomît dessus la gréue
Sous la forme d'vn Taureau,
L'Objet le plus redoutable,
Et le plus épouuentable
Qui sortit jamais de l'eau.

Son corps de grandeur étrange
D'écailles est tout couuert,
Faisans vn confus mélange
De bleu, de jaune, & de vert.
Sa gueule est vne fournaise
Qui verse vn torrent de braise,
Et ses yeux brillans & clairs,
Du puissant éclat qu'ils d'ardent,
Frapent ceux qui le regardent
De mesme que des éclairs.

Portant sa teste cornuë
Vers l'infortuné Passant,
Il fendit trois fois la nuë
D'vn ton rude & menaçant.
Tous les airs en retentirent,
Comme aux bruits qui s'entendirent,
Autour des champs Phlegreans,
Quand les Dieux à coups de Foudre
Couuroient de flame & de poudre
L'insolence des Geans.

Par tout les Antres resonnent
De cette inhumaine voix :
Les Animaux s'en étonnent,
Se cachans parmy les bois.
Et les Nayades troublées,
Qui sur le bord assemblées
Font des naces de roseaux ;
De peur d'épreuuer sa rage
Abandonnans leur ouurage
Se replongent dans les Eaux.

# VERS HEROIQVES

Les cheuaux tournans la teste
A peine ont peu regarder
Cette menaçante Beste
Qui vient droit les aborder,
Qu'à l'aspect de ce Prodige
D'effroy tout le sang leur fige,
Ils dressent oreille & crein,
Et dans leur fuite hastée
D'vne bouche épouuentée
Ils vont secoüant le frein.

Bien loin des flots qui s'étonnent,
De l'hoste qu'ils ont produit,
Les voilà qui s'abandonnent
A la peur qui les conduit,
Galopans à toute bride
De cette campagne arride
Ils font la poudre voler,
Et transportent de vitesse
Le Char qui ne fait sans cesse
Que sauter & s'ébranler.

La parole de leur Maistre
Ne les sçauroit assurer,
Leur crainte ne peut s'acrestre,
Ny ne se peut moderer.
Toûjours du Monstre sauuage
Ils pensent pres du riuage
Voir les yeux étincelans:
Au moindre bruit qu'ils entendent
Ils se jettent, se debandent,
Et font de nouueaux élans.

Sans que leurs frayeurs acheuent,
S'emportans comme un Torrent,
Ils s'abatent, se releuent,
Et se choquent en courant.
La terreur qui les transporte,
Les presse de mesme sorte,
En montant qu'en descendant,
Et n'est jamais arrestée
Par la plus droite montée,
Ny le plus rude pendant.

# VERS HEROIQVES

*Au pied de quelques Colines,*
*Dont l'orgueil audacieux*
*Eust peu seruir aux machines*
*Qu'on dressa contre les Cieux;*
*Le Char d'vne telle force*
*Rencontre la dure écorce*
*D'vn arbre qui s'auançoit,*
*Qu'à ce grand choq Hypolite,*
*Tombe à la renuerse & quite*
*Le siege qu'il remplissoit.*

*Par vne insigne disgrace*
*En venant à trébucher,*
*Vn tour de longe embarrace*
*Vn des pieds de ce Cocher:*
*Ainsi tombé sur la teste,*
*Sans que jamais il s'areste*
*Parmy ces lieux écartez,*
*Ce petit Neueu d'Ægée*
*Suit vne jambe engagée*
*Ses cheuaux épouuentez.*

Eux

Eux dont les frayeurs s'irritent
Par ce nouuel accident,
En se hastans, precipitent
Cét Astre en son Occident.
Comme à la peine inuincibles
En des lieux inaccessibles
Ils vont errans vagabons;
Sur les pierres, par les hayes,
Son corps reçoit mille playes,
La teste fait mille bonds.

Ce chaste Amant de Diane
Est déja tout fracassé:
Sa teste n'a plus de crane,
Et tout son sang est versé.
Ce ne sont plus que blessures,
Qu'esquiles, que meurtrissures,
Que poudre, & que sang caillé,
Et cette indigne auanture
Veut qu'vne Ame toute pure
Sorte d'vn corps tout soüillé.

# VERS HEROIQVES

  *Cette Ame si glorieuse*
*Qui dans ce frêle sejour,*
*Fut toûjours victorieuse*
*De tous les traits de l'Amour.*
*Cette Ame qui trop entiere,*
*Fut l'innocente matiere*
*De ce funeste malheur:*
*Elle qui fuyant les vices*
*Tint bon contre les delices,*
*Se rendit à la douleur.*

  *Par de secretes brisées*
*Ce rayon de pureté*
*Va chercher aux Elisées*
*Le prix de sa chasteté.*
*Lors qu'une troupe acouruë*
*Qui conduisoit de la veuë*
*Cét atelage peureux,*
*Apres de grandes alarmes,*
*Vint lauer de tiedes larmes*
*Son Corps sanglant & poudreux.*

 *Des Deïtez bocageres*
*Blâmans la rigueur du sort,*
*Sur vn amas de fougeres*
*Poserent le Garçon mort.*
*Et ces Nymphes affligées*
*Tout à l'entour arengées,*
*L'ayant couuert de Cyprés,*
*Firent au Ciel des reproches*
*Que le creux vaste des Roches*
*Repeta long-temps apres.*

 *Mais areste Ombre dolente,*
*Ne passe point chez les morts:*
*Vne faueur excellente*
*Te va rejoindre à ton corps.*
*Diane à qui le merite*
*Du noble & chaste Hypolite*
*Tient l'Esprit préocupé,*
*Sans doute n'a pas enuie*
*Que d'vne si belle vie*
*Le fil soit si tost coupé.*

# VERS HEROIQVES

*Elle fit jadis la guerre*
*Aux Titans audacieux,*
*Elle est grande sur la Terre,*
*Aux Enfers & dans les Cieux.*
*Du sage fils de Thesée*
*La vie est favorisée*
*De cette Diuinité,*
*Et par vne heureuse issuë,*
*Dés que sa mort sera sceuë*
*Il sera ressuscité.*

*Vne Nymphe écheuelée,*
*Hors d'haleine & sans couleur,*
*Dont la façon desolée*
*Sembloit parler de douleur.*
*D'vne jambe aussi legere*
*Que fuit la jeune Bergere*
*Deuant le Faune impudent,*
*En vne Forest épaisse,*
*Vint auertir la Deesse*
*De ce funeste accident.*

En un lieu que la Nature
Pour tenir l'ombre à couuert,
Tapisse d'une tanture
De fueillage frais & vert.
Aupres d'une source viue,
De qui l'Onde fugitiue
Erre sur un sable d'or ;
La Vierge toute habillée
Reposoit sous la fueillée,
Le bras couché sur son Cor.

Son équipage de chasse
Estoit là tout à l'entour :
Sa Meute paroissoit lasse
D'auoir couru tout le jour.
Quelques chiens sur l'herbe verte,
Haletans la gueule ouuerte
Leur poumon rafraichissoient :
D'autres gayoient la fontaine,
Où se veautrans dans la pleine
A l'écart se delassoient.

# VERS HEROIQVES

Par tout sur les branches viues
Il pend des anneaux d'osier,
Plains de Merles & de Griues,
Enfilez par le gosier.
Chaque rameau paroist riche
De Dains, & de Fans de Biche
Suspendus confusément,
Et mainte fourure fauue
A ce solitaire Alcôue
Sert de rustique ornement.

En cette morne auanture
Les Nymphes aux pieds dispos,
En differente posture
S'abandonnoient au repos.
L'vne à l'ombrage d'vn saule
Monstre à nud toute vne épaule,
N'ayant qu'vn crespe au dessous :
L'autre toute renuersée
La jupe à demy trouffée
Découure vn de ses genoux.

*Personne en ce Corps de garde*
*Ne veille pour empescher*
*Que le Faune ne regarde*
*Ce qu'il n'oseroit toucher :*
*Mais les rigueurs naturelles,*
*Qui dorment auec ces Belles,*
*Rendent leur somme leger :*
*Il n'est permis qu'au Zephire*
*D'y passer & d'y sous-rire,*
*Sans courre quelque danger.*

*Ce fut là que la Courriere*
*De ces nouuelles de dueil,*
*Les cheueux pleins de poussiere*
*Arriua la larme à l'œil.*
*Apres vne longue peine*
*Elle treuua la Fontaine,*
*Où dormoit la chaste Cour,*
*Et fit vn plus haut murmure,*
*Perçant l'épaisseur obscure*
*Des Broussailles d'alentour.*

*La Chaste & fiere Diane*
*Au bruit qu'elle entend mener,*
*Croit que c'est quelque profane*
*Qui vient pour l'importuner.*
*Déja son Arc sanguinaire*
*Prepare à ce temeraire*
*Dequoy l'arrester d'abord,*
*Quand la Nymphe qui soûpire*
*Se presente & luy vient dire*
*Comment Hypolite est mort.*

*Le teint de cette Immortelle*
*D'vn air modeste embelly,*
*Pâlit à cette nouuelle*
*Puis, rougit d'auoir pâly.*
*Les promptes Metamorphoses*
*De ces lys changez en roses,*
*Montroient plus clair que le jour,*
*Que dans ce triste message*
*La honte sur son visage*
*Combatoit auec l'amour.*

Quand

Quand elle fut reuenuë
De sa prompte émotion,
D'vne façon retenuë
Déguisant sa passion.
Sus, mes Compagnes, dit-elle,
Que promptement on atelle
Le Char que j'ayme le mieux ;
Ce Char d'ebene & d'yuoire,
Où je parois en ma gloire
Quand je roule par les Cieux.

Au son de cette parole
Respectée au firmament ;
Plus viste qu'vn trait qui vole,
On fit son commandement.
Et lors sans suite & sans guide,
Par les espaces du vuide,
Ayant la douleur au sein ;
La Vierge qu'Epheze adore,
Vers le sejour d'Epidaure
Porta son secret dessein.

## A MONSIEVR FELIS
### SONNET.

TOY qu'Apollon cherit, & qui le fais valoir
Aux lieux où l'Ignorance a pris le plus d'empire;
FELIS, je suis malade; & tout l'humain sçauoir
En combatant mon mal, le fait deuenir pire.

Puisque c'est à l'honneur que ton desir aspire,
En prodiguant cette Eau dont le diuin pouuoir
Rapelle du tombeau lors mesme qu'on expire;
D'où vient qu'en cét estat tu ne viens pas me voir?

Crains-tu de prendre soin d'vne cure inutile?
Croy-tu que pour ton prix la grandeur de mon style
Ne produira plus rien d'assez delicieux?

FELIS si par tes Eaux ma siéure est exilée,
Mes Muses baniront Ganimede des Cieux,
Pour t'y faire tenir vne Cruche estoilée.

# LA SERVITVDE.

## STANCES.

Nvit fraîsche, sombre & solitaire,
  Sainte depositaire
De tous les grand secrets, ou de guerre, ou d'amour;
Nuit Mere du repos, & Nourrice des Veilles
  Qui produisent tant de Merueilles,
Donne moy des Conseils qui soient dignes du jour.

  Mais quel conseil pourrois-je prendre,
  Fors celuy de me rendre
Où je voy le Fleau sur ma teste pendant?
Où s'imposent les loix d'vne haute Puissance
  Qui fait voir auec insolence
A mes foibles Destins son superbe Ascendant?

# VERS HEROIQUES

*Ie voy que* GASTON *m'abandonne*
*Cette digne personne*
*Dont j'eperois tirer ma gloire & mon suport :*
*Cette Diuinité que j'ay toûjours suiuie,*
*Pour qui j'ay hazardé ma vie ;*
*Et pour qui mesme encor je voudrois estre mort.*

*Irois-je voir en barbe grise*
*Tous ceux qu'il fauorise ;*
*Epier leur réueil & troubler leur repas ?*
*Irois-je m'abaisser en mille & mille sortes,*
*Et mettre le siege à vingt portes*
*Pour aracher du pain qu'on ne me tendroit pas ?*

*Si le Ciel ne m'a point fait naistre*
*Pour le plus digne Maistre*
*Sur qui jamais mortel puisse porter les yeux :*
*Il faut dans ce malheur, que mon espoir s'adresse*
*A la plus charmante Maistresse*
*Qu se puisse vanter de la faueur des Cieux.*

En ce lieu mon zele poßible
Se rendra plus visible;
On y connoistra mieux ma franchise & ma foy.
Ce n'est pas vne Cour où la foule importune
Des pretendans à la Fortune
Produise vne ombre espaiße entre le jour & moy.

Poßible l'Estoile inhumaine
Dont j'éprouue la hayne,
S'oposera toûjours au bon-heur que j'atens.
Et quelques dignes soins que mon esprit se donne,
Tous les labeurs de mon Automne
Auront mesme succez que ceux de mon Printemps.

O triste & timide pensée
Dont j'ay l'ame glacée,
Et que je ne conçois qu'auec vn tremblement;
Fantôme déplaisant & de mauuais presage,
Faut-il que ta funeste image
Me rende malheureux auant l'euenement?

# VERS HEROIQVES

❦

Donc les cruelles Destinées
Veulent que mes années
En penibles trauaux se consument sans fruit!
Et c'est, ô mon Esprit, en vain que tu murmures
Contre ces tristes auantures,
Il faut que nous allions où le Sort nous conduit.

❦

Il s'en va nous mettre à la chaîne,
Le voila qui nous traine
Dans les sentiers confus d'vn Dedale nouueau.
Mon jugement surpris cede à sa violence,
Et je perds enfin l'esperance
D'auoir d'autre repos que celuy du Tombeau.

❦

L'Image de la Seruitude
Errant dans mon Etude,
Y promeine l'horreur qui reside aux Enfers:
I'oy déja qu'on m'enrôle au nombre des Esclaues,
Ie ne voy plus que des Entraues,
Des Iougs & des Coliers, des Chaînes & des Fers.

## DE Mr TRISTAN.

*Les Muses pâles & timides*
*Auec des yeux humides*
*Soûpirent hautement de mon secret dessein;*
*Et consultent déja s'il sera legitime*
*Que leur grace encore m'anime*
*De la diuine ardeur qui m'échaufoit le sein.*

*O ma raison ! dans ces alarmes,*
*Que ne prens-tu les armes*
*Pour t'oposer aux Loix de la captiuité ?*
*Rejettons les Liens d'vn cœur opiniastre;*
*Et ne feignons point de combatre*
*Iusqu'au dernier soûpir pour nostre Liberté.*

*Il faut auoir part à la gloire*
*Qu'ont aquise en l'Histoire*
*Tant d'illustres Heros qui brauerent le Sort;*
*Qui payerent toûjours d'vne si belle audace,*
*Et qui pressez de la disgrace,*
*Sauuerent leur franchise en courant à la Mort.*

## VERS HEROIQVES

*Mais, ô discours déraisonnable!*
*O penser condamnable*
*Que m'a fait conceuoir vn insolent orgueil!*
*Ie suis bien aueuglé par la melancholie*
*Qui tient mon ame enseuelie,*
*De prendre de la sorte vn Port pour vn Ecueil.*

*Pardon Puissance souueraine,*
*Ie sens déja la peine*
*Que merite l'excez de ma temerité.*
*Ie fremis de ce crime, & sçay bien que la foudre*
*A reduit des Monstres en poudre*
*Qui n'auoient rien d'égal à mon impieté.*

*Celle à qui de tous mes seruices*
*I'ofre les sacrifices*
*En pourroit receuoir d'vn Roy victorieux,*
*Ie sçay qu'elle est au rang des Ames les mieux nées,*
*Et que les testes couronnées*
*N'ont point de sentimens qui soient plus glorieux.*

*Cette*

Cette Merveille incomparable
Qui paroist adorable,
Tient toûjours sous ses pieds les Vices abatus;
Et les hautes Grandeurs qui se pourroient defendre
De la valeur d'vn Alexandre,
Se voudroient asseruir à ses grandes Vertus.

C'est vne pure Intelligence,
Aucune connoissance
Ne se peut dérober à son raisonnement:
Et ses riches Palais, où brille la Peinture
A l'enuy de l'Architecture,
Sont pleins de son esprit & de son jugement.

Cette Belle en qui l'on obserue
Les graces de Minerue,
Perce & penetre tout de ses diuins regars;
Et son Ame éclatante en lumieres infuses
S'entend aux Ouurages des Muses,
Et sçait connoistre encor l'excellence des Arts.

# VERS HEROIQVES

*Elle est noble, elle est genereuse,*
*Et paroist desireuse*
*Que son nom se conduise à l'immortalité;*
*Les cent bruyantes voix qu'épand la Renommée*
*Par tout où sa gloire est semée,*
*Tombent toutes d'acord de cette Verité.*

*A qui donc selon mon enuie*
*Puis-je voüer ma vie*
*Qu'à ce diuin Sujet qui n'a point de pareil ?*
*Seruant cette Beauté qui rauit toutes choses,*
*J'auray le mesme honneur des Roses*
*Qui doiuent leur éclat à celuy du Soleil.*

*Vn bel Astre que je voy luire,*
*Et que je vay conduire*
*Va regler mes Destins d'vn regard de ses yeux;*
*Suiure ce digne Objet qui n'eut jamais d'exemple,*
*C'est seruir, mais c'est dans vn Temple,*
*C'est vn peu s'abaisser, mais c'est deuant les Dieux.*

# STANCES

Doux remede à mes sens malades,
    Chastes Amadriades
Qui viuez saintement sous l'écorce des bois,
Qu'vn froid long & fâcheux tient vos beautez gênées!
    Vous n'auez point passé d'années
Où vous ayez soufert de plus seueres loix.

Le Soleil ce grand Luminaire,
    En son cours ordinaire,
A déja visité la Maison des Gemeaux :
Toutefois nuit & jour la bouche de Borée
    Qui se deuroit tenir serrée,
D'vn souffle impetüeux bat encor vos rameaux.

# VERS HEROIQVES

*Sans doute il a trop d'infolence,*
*Et cette violence*
*Le deuroit pour jamais de liberté priuer;*
*C'eſt ſe monſtrer rebelle aux loix de la Nature,*
*Qu'alonger ainſi la froidure,*
*Et donner au Printemps les friſſons de l'Hyuer.*

*Comme l'vn a le priuilege*
*De regner dans la neige*
*Sur vn trône de glace orné de longues nuits;*
*L'autre doit à ſon tour, d'vn tranquile viſage,*
*Emailler tout le paiſage,*
*Et produire des fleurs qui promettent des fruits.*

*Cependant vn vent plein d'audace*
*Vous gronde, vous menace,*
*Et vous détord les bras d'vn effort rigoureux;*
*Lors que c'eſt la ſaiſon que l'aymable Zephire*
*Deuroit déja vous faire rire,*
*Vous declarant tout bas ſes larcins amoureux.*

## DE Mr TRISTAN.

*Il est temps qu'vn calme enuironne*
    *Cette verte Couronne,*
*Dont vostre aymable front se treuue reuestu;*
*La Nymphe de ces lieux ardamment le souhaite*
    *Il faut qu'elle soit satisfaite,*
*Ou que le Ciel se plaise à fâcher la Vertu.*

*O que de qualitez brillantes,*
    *Et de graces charmantes*
*Seruent à sa Beauté de celeste ornement!*
*Si la rondeur du Monde au merite estoit deuë;*
    *La Terre en sa large estenduë*
*Se verroit aujourd'huy sous son Gouuernement.*

*Lors que pour échaufer mon style,*
    *Vn air doux & tranquile*
*Bannira la rigueur de ce froid criminel;*
*Ie veux considerer ces belles auenuës,*
    *Et par des routes inconnuës*
*Mediter à sa gloire vn Ouurage eternel.*

# VERS HEROIQUES

*Par des sentiers où le vulgaire*
*Ne s'achemine guere,*
*En de saintes fureurs je me veux engager;*
*Pour rendre son merite aux Ages memorable*
*D'vn témoignage venerable*
*Que les ans, ny l'oubly ne puissent outrager.*

*Si peu qu'Apollon me seconde,*
*Et que son soin réponde*
*A tant de dons diuins hautement étalez;*
*Ie sçay bien que l'éclat d'vne si belle Vie*
*Donnera mesme de l'enuie*
*Aux plus illustres jours que la Parque ait filez.*

# PROSOPOPEE
## DE
## LA FONTAINE
## DE *

## STANCES.

LA Nayade voisine en sa grote rustique
 Où soustenant vn vase antique,
Elle donne à ses eaux vn agreable cours;
Ne se peut consoler sur la triste auanture
 Qui semble menacer les jours
 D'vn Chef-d'œuure de la Nature.
 Et souuent parmy son murmure,
Son regret legitime éclate en ce discours.

Clairs ornemens du Ciel, Astres, brillantes Causes
  Qui donnez l'ordre à toutes choses,
Et qui troublez par fois l'estat des demy-Dieux;
Si toûjours l'équité conduit vostre puissance,
  De grace ouurez icy les yeux
  Pour le maintien de l'innocence;
  Et faites cesser l'influence,
Dont vous persecutez la Nymphe de ces lieux.

La Vertu qui choisit cét Objet sans Exemple
  Pour en faire à jamais son Temple,
Deuroit loin de sa teste écarter les malheurs;
Et vous deuez sans doute, ô Puissances suprêmes
  Finir ses secretes douleurs,
  Sa grace & ses bontez extrémes
  Ont merité des Diademes,
Et n'ont point merité des matieres de pleurs.

           *Jay*

J'ay veu tous ses Ayeux, j'ay veu tous ses Ancestres,
 Mes grands, & mes illustres Maistres;
Fameux pour la valeur & pour la pieté,
Leur nom malgré le Temps éclate dans l'Histoire:
 Mais pour dire la verité,
 Sans faire tort à leur memoire,
 Ie tiens que leur plus grande gloire
Est d'auoir mis au jour cette rare Beauté.

Du plus subtil esprit que verse vostre flame
 Vous auez éclairé son Ame :
La raison souueraine est dans ses sentimens,
Elle est inaccessible aux amorces du vice,
 Ses moindres apas sont charmans,
 L'Honneur la tient en exercice,
 Et le Destin sans injustice
Ne la peut condamner aux plus legers tourmens.

X

# VERS HEROIQVES

*Cependant* on a veu changer cinq fois la Lune,
 Depuis qu'vne crainte importune
Inquiete son cœur & l'oblige aux soûpirs :
Les Nymphes de ces Bois ressentant ses alarmes
 Ioignent leurs vœux à ses desirs,
 Et ne sçauroient plus voir sans larmes,
 Qu'vn sujet si remply de charmes
Se treuue menacé de tant de déplaisirs.

*Minerue* de nos jours, vous qui prenez le Titre
 De grande & souueraine Arbitre,
De tous nos demy-Dieux & de tous nos Heros :
Ayez pitié des pleurs que répand cette Belle,
 Apaisez les vents & les flots
 De cette tempête cruelle,
 Vostre Gloire soufre auec elle,
Vous estes obligée à causer son repos.

# SONNET.

LOGEMENT nompareil, Superbe Apartement,
Où tout l'Art d'Italie est passé dans la France;
Lambris qui paroissez faits par enchantement,
Où par tout l'Or éclate auec magnificence.

Tableaux que l'on regarde auec étonnement,
Où de sçauans Pinceaux marquent leur excellence;
Cabinets de Cristal dont l'aymable ornement
Des beautez d'alentour redouble l'abondance.

Riche diuersité de meubles precieux,
Bain, Voliere, Orangers, Quartier delicieux,
Où loin des bruits confus la Vertu se repose.

Beaux Objets, vous donnez de la merueille à tous:
Mais sans vous faire tort on peut dire vne chose,
C'est que vostre Maistresse à plus d'apas que vous.

# LA PAMOISON.

AV point que le mal empira
Qui vous fit pâmer sur la place:
Tout nostre sang se retira,
Nous deuinsmes froids comme glace.

On eust creu sans doute à nous voir
En cét accident pitoyable;
Que vostre Alcoue estoit l'Ouuroir
De quelque Sculteur admirable.

Nous estions tous en ce moment
Sans parole & sans mouuement
Du mal dont vous estiez touchée:

Ce n'estoient qu'Images par tout,
Dont la plus belle estoit couchée,
Et les autres estoient debout.

# SONNET

Mon art ne peut ateindre à marquer la tendresse
Que vostre bonté donne à mon ressentiment :
O celeste personne ! ô divine Maistresse !
Qu'on voit agir par tout si genereusement.

Que vous imitez bien cette grande Princesse
Qui vous fit dans sa Cour nourrir si cherement !
Et que vous faites voir avec beaucoup d'adresse
Des traits de son esprit & de son jugement.

J'avois fait un dessein d'écrire à vostre gloire ;
Afin que l'on gardast à jamais la memoire
De tant de qualitez & d'apas ravissans.

Mais observant l'éclat d'une si belle vie,
Ie voy que sa lumiere éblouït tous mes sens
Et me ferme la bouche aussi bien qu'à l'Envie.

# A LA FORTVNE
## SONNET.

BEAV Monstre au poil épars, au visage de femme,
Que l'on voit éleué sur un trône flotant;
Que l'on suit en tous lieux, que l'on reclame tant,
Et qui regnes par tout excepté dans mon ame.

FORTVNE, oste ton voile & contemple en Madame
Tout ce que le merite a de plus éclatant;
Tu perdras ces transports d'aueugle & d'inconstant,
Qui dispersent les biens & te chargent de blâme.

Mais quoy? veux-tu toûjours conseruer ta grandeur;
N'obserues point l'Objet de ma fidele ardeur:
Ce trait seroit fatal à mille autres personnes.

Voyant les ornemens dont il est reuestu,
Tu n'as point de Tresors, tu n'as point de Couronnes,
Que tu ne vinsses mettre aux pieds de sa Vertu.

## POVR VN PETIT ENFANT
de marbre, qui tient vn liure de Musique deuant vn bain.

# MADRIGAL.

C'EST icy le bain de Diane:
L'autre jour ce petit garçon
Y vint chanter vn air profane ;
Mais à la fin de sa chanson,
Il se sentit pour cette audace,
Changer en pierre sur la place.

# LA PVDEVR INNOCENTE.

## MADRIGAL.

ATHIS ce Pasteur innocent
Qui brûlant, à peine à se taire,
Pour parler des feux qu'il ressent,
S'assit en vn lieu solitaire.

Comme il éclatoit sur les maux
Qu'Amour luy donne sans mesure :
Echo redit ses derniers mots
Du creux obscur d'une masure.

Ah ! s'écria t'il interdit
Auec des frayeurs nompareilles,
Fuyons ; on me l'auoit bien dit.
Les murailles ont des oreilles.

# LA MAISON D'ASTREE.
## ODE.

PLAISANT Climat, diuin sejour,
Eloigné du grand Monde & de ses artifices,
Paisible Empire, & bien-heureuse Cour,
Où regnent les Vertus au milieu des delices.
Grands & merueilleux bâtimens,
Agreables compartimens,
Bois si doux, si frais, & si sombre,
Claires Eaux, belles Fleurs, admirable Maison,
Comme vos apas sont sans nombre,
Ils sont aussi sans prix, & sans comparaison.

*L'orgueilleux Palais du Soleil*
*Brillant d'or & d'azur, de pourpre & de lumiere,*
*Dont la matiere est d'un prix sans pareil,*
*Et de qui l'art encor surpasse la matiere.*
*Et celuy qu'Amour sceut bâtir*
*Quand il voulut assujettir*
*L'Esprit leger de sa Maistresse:*
*Bien qu'ils fussent construits auec tant de soucy,*
*Tant d'artifice, & de Richesse,*
*Auoient-ils de l'éclat au pris de cetuy-cy ?*

*Bien qu'en leur superbe portal*
*On veid sortir le feu de cent pierres d'élite,*
*Que chaque frise, & chaque pié-d'estal,*
*Fût fait d'une Iacinthe, ou d'une Chrysolite.*
*Et que cent Colonnes d'argent*
*Tout autour s'alassent chargeant,*
*Des plus chers objets d'un Auare :*
*Ces dignes logemens faits de la main des Dieux,*
*A l'égal d'un œuure si rare,*
*N'auoient pas le secret de contenter les yeux.*

Aussi celle qui fit bâtir
Cette rare Demeure eut bien plus d'industrie,
Et l'ordonnant, sceut bien mieux assortir
Les beaux materiaux auec la Symetrie.
  Ce doux Sujet de nos tourmens,
  L'éleua de ses fondemens
  Iusques à la hauteur des nuës ;
Et ses soins diligens firent en peu de jours
  Toutes ces belles auenuës,
A l'ayde seulement de la main des Amours.

Ces admirables Artisans,
Dans le soin d'obeïr à leur belle Princesse,
  En tous mestiers se treuuerent sçauans ;
Et de tous les costez, trauaillerent sans cesse.
  Lors on les veid se ralier
  Au plus magnifique atelier,
  D'où sortit jamais Edifice,
Apres s'estre obligez d'vn serment solennel
  Chacun en son petit office
De faire en vn moment vn Ouurage eternel.

# VERS HEROIQVES

*Les vns dans quelque char leger*
*Qui fend l'air plus soudain que l'aisle de Zephire,*
*Guident vn Cygne & viennent décharger*
*Des cubes de cristal, d'agathe & de porphire.*
*D'autres dans la nuë éleuez,*
*Conduisans des pigeons priuez,*
*Ameinent du jaspe & du marbre ;*
*Et d'autres pour construire vn superbe Plancher*
*Traînent des pieces de quelque arbre,*
*Où le Phœnix peut-estre a dressé son bûcher.*

*Vingt de ces Enfans potelez*
*Qui mêloient de l'azur à l'or de ces Portiques,*
*Peignent à fresque & paroissent colez,*
*Entre ces ornemens qui sont si magnifiques :*
*Tandis d'autres petits Amours*
*Qui viennent d'égaler ces Cours,*
*Les pauent de marquetterie ;*
*Ceux-cy font des festons à quelque chapiteau,*
*Ceux-là font la charpenterie ;*
*Et d'autres vont forger les portes du Chasteau.*

L'vn à petits coups de marteau
Acheue deux Lyons qui dessus cette entrée,
Semblent commis à garder ce Chasteau,
Les ongles atachez sur les armes d'Astrée.
Ils sont d'vn aspect si hydeux,
Que le Sculteur mesme aupres d'eux
Ne peut estre sans épouuente,
Et d'vn esprit troublé ne sçait comment finir,
Ces vers que d'vne main sçauante,
Il met sous l'écusson qu'il leur fait soûtenir.

Madame, nonobstant l'afront
Que fait à la raison la douceur de ses charmes,
Deuroit vn jour porter dessus son front
Les Couronnes qu'elle a seulement dans ses Armes.
Mais quiconque voit les tresors,
Dont le Ciel enrichit son corps
Et voulut embellir son ame,
Iuge que la Fortune ayant les yeux ouuerts
Ne pourroit sans honte & sans blâme,
Ne luy presenter point celle de l'Vniuers.

# VERS HEROIQUES

    Sans bandeau, sans trais & sans arc,
Ces jeunes Deïtez se montrent diligentes,
    Pour embellir les jardins & le Parc,
Soit à semer des Fleurs, soit à faire des Entes.
    Cetuy-cy d'vn subtil pinceau,
    Trace sur ce plaisant ruisseau
    Vne excellente perspectiue;
L'autre guidant le coultre en ces petits guerets,
    Que soigneusement il cultiue,
Pique deux Fans de Biche auec vn de ses trais.

    Tandis que l'vn donnant des loix
A la course des eaux rend leurs flots plus superbes;
    L'autre en mettant de l'ombre dans ce Bois,
Epand de la fraîcheur dessus l'émail des herbes.
    Si ceux-cy bordent ce chemin
    De palissades de Iasmin,
    Aussi blanc que leur beau visage;
Auec autant de soin ces autres Iardiniers
    Plantent aussi pour leur vsage,
Vne grande forest de petits Citronniers.

## DE Mr TRISTAN.

Là haut vn petit ménager
Afin que les humains tirent fruit de ſes peines,
Dans les quarrez d'vn jardin potager,
Seme ſoigneuſement toutes ſortes de graines.
Il y met des preſeruatifs,
Pour les venins les plus actifs,
Dont la ſanté ſoit menacée :
Mais le traiſtre qu'il eſt, ne fournit point ces lieux,
De Moly, ny de Panacée,
Pour guerir du poiſon que verſent deux beaux yeux.

Cét Amour au bout de ce Mail
A limé doucement de riches fenêtrages;
Sur qui cét autre aplique de l'émail,
Afin de donner l'Ame à ces diuins ouurages.
Sur le haut ils ont fait des fleurs
Auec de ſi viues couleurs,
Qu'elles paroiſſent naturelles :
Zephire en eſt touché d'vne amoureuſe ardeur,
Et tâche en ſoûpirant pour elles,
De joindre à leur beauté la grace de l'odeur.

Ces deux Maistres si bien instruits
Font reluire tout contre une excellente porte ;
Et sur le haut representent les fruits
Que selon les saisons ce grand verger aporte.
Les yeux étonnez & contens,
S'imaginent que le Printemps
Tienne là ces cerises fraîches ;
Que déja les chaleurs ont meury ces muscats,
Et que ces pommes & ces pêches,
Seroient en un dessert des mets bien delicats.

Chaque Satyre d'alentour
De ce coupeau voisin sans cesse les regarde ;
Et n'ose pas s'en aprocher le jour,
Tant l'infame a de peur que quelqu'un ne les garde.
Mais franchissant ce mur d'un saut,
La Nuit il leur donne l'assaut,
Pensant bien y treuuer son compte ;
Et regagnant les champs plus viste que le vent,
Ne r'emporte que la honte
Qu'un Objet si naïf l'ait trompé si souuent.

*Cependant*

## DE Mr TRISTAN

*Cependant les diuins Maçons*
*Sans faire d'échafaux pour éleuer la pierre,*
*Suiuent toûjours les sçauantes leçons*
*De celuy qui conduit le compas & l'équierre.*
*Mais ils ont tantost acheué,*
*Ce Dome est assez éleué,*
*Cét autre a pris ses justes toises,*
*Et ces Couureurs legers ont tantost fait encor,*
*Qui posent en forme d'ardoises,*
*Des quarrez de Lapis dessus des lates d'or.*

*Vn de ces Ouuriers emplumez,*
*De qui Timante mesme eut apris la peinture,*
*A déja fait mille trais animez,*
*Qui témoignent que l'Art surpasse la Nature.*
*Dedans le vuide des quarrez*
*Qui sont en ces lambris dorez,*
*Dont les chambres sont étofées,*
*Cét Amour s'est dépeint en cent actes diuers,*
*Par lesquels ses plus grands trophées,*
*Et ses plus doux secrets nous sont tous découuerts.*

Z

# VERS HEROIQVES

*Pour vn hierogliphe en ce lieu.*

Que la force d'Amour est vrayment sans seconde;
On void courber le dos du petit Dieu,
Qui porte comme Athlas le faix de tout le Monde;
 Et cét autre petit Amour
 Qu'vn serpent ceint tout à l'entour
 Exprime vne eternelle flame,
Que l'on doit sous ses loix seruir fidelement,
 Et qu'il faut qu'en vne belle ame,
Vn feu bien allumé dure eternellement.

En ce lieu voguant sans vaisseau,
D'vn bandeau sur sa trousse il a formé des voiles;
Pour auirons de ses traits il fend l'eau,
Et tire à deux beaux yeux dont il fait ses Estoilles;
 Ainsi malgré les soins jaloux,
 Et tout le celeste couroux
 Qui peut s'oposer à leurs joyes
Eclairez du beau feu qu'ils portent dans le sein,
 Les Amans treuuent mille voyes
Pour faire succeder vn amoureux dessein.

Chassant vn Cerf de ce costé
Qu'à force de courir il a mis hors d'haleine;
Il nous fait voir comment vne Beauté
Ne se peut obliger sans deuoirs & sans peine.
Et de l'autre, arosant des fleurs,
Afin que leurs viues couleurs
S'augmentent par ce bon office:
Il instruit Idalie auec cette action,
A me traiter sans artifice,
Montrant que la faueur acroist la passion.

Dans ces aymables promenoirs
Qu'il imprime à regret de sa diuine piste,
Loin d'vn bel œil, les lys luy semblent noirs,
Le jour luy paroist sombre & la verdure triste.
Aussi lors que je suis priué
De celle qui m'a captiué,
Ie ne treuue que des suplices:
Tous les objets de joye iritent mon tourment,
Et pour moy toutes les delices,
Ne sont que des sujets de mécontentement.

# VERS HEROIQUES

*Icy faisant voir par pitié*
*Le peu durable estat des Oeillets & des Roses,*
*Il montre aux cœurs qui sont sans amitié*
*Que le temps fait ainsi passer les belles choses.*
*Et là chamaillant sans cesser*
*Ce Chesne qu'il veut renuerser*
*Auec de si petites armes ;*
*Par sa perseuerance, il enseigne à l'Amant*
*Qu'vn flux continuel de larmes,*
*Pourroit enfin cauer vn cœur de diamant.*

*Il s'est peint dans vn grand Tableau*
*Portant le feu du jour dans vn vase de verre,*
*Comme Apollon sortant du sein de l'eau,*
*Vient d'vn nouuel éclat illuminer la Terre.*
*Ses quatre cheuaux indomtez,*
*Souflent de longs trais de clartez,*
*Sortant de leurs moites demeures ;*
*Les vns tournent la teste, & d'vn regard mutin,*
*Paroissent menacer les Heures*
*Qui les ont se leur semble atelez trop matin.*

L'Astre en mille diuers accens
Entend les complimens des hostes des bocages,
 Et sa clarté reçoit au lieu d'encens
La vapeur de ces eaux & de ces Marécages;
  L'Aube que la lumiere suit,
  Fait signe aux ombres de la Nuit
  Qu'elles rentrent dedans leurs Grotes :
Et tâche à découurir parmy l'herbe & les fleurs,
  Dont Himette couure ses motes
Ce Chasseur dont l'amour l'oblige à tant de pleurs.


  Ce Peintre a bien sceu rechercher
L'Orage dont Iunon troubla cette journée,
  Qu'elle liura dans le creux d'vn rocher
La Reine de Cartage entre les bras d'Ænée.
  Les Veneurs parmy les forests,
  Quitant les toiles & les rets,
  Cherchent des forts contre la pluye :
Et Didon cependant dont l'Amour est vainqueur,
  En quelque quartier qu'elle fuye,
Sent toûjours mille dards qui grêlent sur son cœur.

*L'Orgueilleuse Reine des Cieux*
*Sous-rit auec Venus de cette tromperie,*
  *Et conduisant ces deux Amans des yeux,*
*Ternist sa chasteté d'vn peu d'éfronterie.*
   *Les voyans tous deux embrassez,*
   *Elle pense que c'est assez,*
   *Pour ouurir son cœur à la joye;*
*Elle croit que sa ruse a trahy les Destins,*
   *Et que ce fugitif de Troye*
*Ne fondera jamais l'Empire des Latins.*


  *Pan court Siringue dans ces Eaux,*
*Entre ses bras pelus la Nymphe est enfermée :*
  *Mais il ne tient que de frêles roseaux,*
*En quoy pour la sauuer, les Dieux l'ont transformée.*
   *Vne Driade à l'autre bord*
   *Voyant ce ridicule effort,*
   *En témoigne vn excés de joye :*
*Et l'impudent Satyre apres auoir manqué*
   *Sa belle & délicate proye,*
*Pleure de sa disgrace & de se voir moqué.*

Vn Pasteur en offrant ses Vœux
A quelque Villageoise au fonds de ces bocages,
　　Perdit le soin de gouuerner ses bœufs,
Qui se sont embourbez dedans ces marécages;
　　　Hors d'espoir de les détourner,
　　　Et de les pouuoir r'amener,
　　　Il lamente ses auantures;
Et pensant au sujet qui l'a tant amusé,
　　　Ne fait qu'adresser des injures
A l'Amour qui se rit du mal qu'il a causé.

　　　Ce Cupidon pour faire voir
Qu'il a rendu par fois la vertu ridicule,
　　Et que tout cede à son diuin pouuoir;
A mis vne quenouille entre les mains d'Hercule.
　　　Le fuseau coule en tournoyant,
　　　Omphale sous-rit le voyant
　　　En cette plaisante posture;
Et ses filles d'honneur d'vn air imperieux
　　　Discourent sur cette auanture,
Si celuy qui les voit en veut croire ses yeux.

# VERS HEROIQUES

*Il a depeint tous les exploits*
*D'vn Monarque inuincible en cette Galerie;*
*Qui pouuant voir l'Vniuers sous ses loix,*
*Fut soûmis par les yeux d'vne belle Marie.*
*Ce Prince en l'âge le plus bas*
*Montre dans l'horreur des combas*
*Vne assurance plus qu'humaine;*
*On luy void en naissant luter vn lionceau,*
*Et comme le grand fils d'Alcmeine,*
*Etrangler des serpens au sortir du Berceau.*

*Instruit de bonne heure au mestier*
*D'endosser la cuirasse & de faire la guerre,*
*Pour l'exercer, il est fait heritier*
*Du Sceptre le plus beau qui soit dessus la Terre.*
*Vn grand nombre de Concurrans*
*Se presente dessus les rangs*
*Pour rendre la France ocupée;*
*Et luy donner sujet de gagner brauement*
*A la pointe de son espée,*
*L'Estat qu'à sa naissance on devoit justement.*

*Là*

Là dans le plus fort des dangers,
Qui pour sa jeune ardeur ont toûjours tant d'amorces,
Ce grand HENRY fait voir aux Estrangers,
Que son courage seul vaut bien toutes leurs forces.
Il renuerse leurs bataillons,
Comme on void dedans les sillons
L'Orage abatre les iaueles;
Et son bras indomté ne cesse de cueillir
En mille rencontres nouuelles,
Des rameaux de Laurier qui ne sçauroient vieillir.

Deuant ces Villes & ces Forts
Qui font par tant de sang acheter la victoire,
Il se hazarde autant que si son corps
Estoit fait immortel aussi bien que sa gloire.
Les foudres de ce nouueau Mars
Ont démoly tous ces rempars,
Auecque tant de vehemence;
Que ses Sujets mutins sans voix & sans couleur
Viennent implorer sa Clemence,
Eux dont la vaine audace irrita sa Valeur

A a

# VERS HEROIQVES

L'Ennemy qui fuit deuant luy,
Semble auoir la Terreur peinte sur le visage,
Et ne sçait plus, plein de honte & d'ennuy,
Quel nouueau stratagéme il doit mettre en vsage.
Son cœur qui dans les flancs luy bat,
N'ose plus atendre au combat
Vne valeur si peu commune :
Et void bien que ce Prince est trop auantagé
Soit de merite ou de fortune,
Pour qu'vn Sceptre en ses mains puisse estre partagé.

Icy le sage Sillery,
Dont la bouche versoit vn torrent d'éloquence,
Et qui du Roy fut toûjours si chery,
Luy parle d'vn traité de grande consequence.
Il a par ses conseils prudens,
Fait des Miracles éuidens
Pour la grandeur de nos Monarques :
Et dans les graues soins qu'on luy fit embrasser,
Il s'est dépeint auec des marques
Que l'oubly, ny le temps ne sçauroient effacer.

*Mais apres les meurtres & paix,*
Dont ce Prince admirable assura sa Couronne,
*D'vn œil riant il retire la Paix*
*Du trouble & du seruage, où la tenoit Bellonne.*
  *Là bas sa liberalité*
  *Qui remet en tranquilité*
  *Les corps comme les consciences;*
*Releue noblement auec vn doux acueil,*
  *Les Arts, les Loix, & les Sciences;*
*Qu'vn tumulte si long auoit mis au cercueil.*

*Mais qui voy-je dans ce Tableau ?*
*C'est vn Heros celebre entre les plus illustres,*
  *De qui le nom n'ira point au Tombeau*
*Quand son corps y seroit plus de quatre cens lustres.*
  *Ce braue & noble Valançay,*
  *Qui pour son premier coup d'essay*
  *Fit vingt actions heroïques;*
*Et qu'en seruant la France on a veu mille fois*
  *Brosser dans des forests de piques,*
*De mesme qu'vn Sanglier brosse parmy des Bois.*

         Aa ij

## VERS HEROIQUES

*Peintre c'est assez trauaillé,*
*Vous auez sur la toile assez fait de visages,*
*Et ce lambris est assez émaillé,*
*Que vous auez remply de tant de paisages.*
  *Les yeux treuuent assez d'atrais*
  *En la quantité des beaux trais,*
  *Dont cette Demeure est pourueuë ;*
*Iamais l'Antiquité n'eut rien de si charmant,*
  *Et vous offenseriez la veuë*
*De luy vouloir donner plus de contentement.*

*Cessez Artisans immortels,*
*Vos diuerses beautez se treuuent sans pareilles,*
  *Chacun de vous merite des Autels,*
*Et vos moindres labeurs sont autant de Merueilles.*
  *Rien n'est pareil aux ornemens*
  *De ces aymables logemens,*
  *Bien que la masse en soit petite ;*
*Et ces lieux plus charmans & plus delicieux,*
  *Que ceux que Iupiter habite,*
*Le pourroient bien tanter d'abandonner les Cieux.*

Dans ce Parc qu'on a si bien clos
On ne void point d'Objets qui n'inspirent la joye,
Depuis ces fleurs, jusqu'à ces petits flos,
Où le desir s'enyure, & le soucy se noye.
Tous ces arbres sont bien plantez,
Le fruit y rit de tous costez,
Ces terres sont bien égalées;
L'œil de la perspectiue est assez satisfait,
Et la moindre de ces alées,
Est plus digne des Dieux que le chemin de Lait.

Amours, les desirs sont contens
De la Beauté diuine à qui vous voulez plaire;
Acourez donc, venez de vostre temps,
Et de tous vos labeurs receuoir le salaire.
Vous comblant de contentement,
Pour reconnestre dignement
La peine que vous auez prise;
On vous fera baiser la neige de ses mains,
Qui captiueroient la franchise
De tous les immortels, & de tous les humains.

CE Palais des Amours, qui est vn des premiers Ouurages de l'Autheur, n'est pas icy dans l'estat qu'il souhaiteroit, en ayant égaré quelques Vers dans les voyages qu'il a faits hors du Royaume; S'il peut vn jour les recouurer, vons aurez cette superbe Maison mieux acheuée.

## A MONSEIGNEVR LE DVC DE GVYSE.

### SONNET.

PRINCE qu'on peut nõmer la gloire de nostre Age,
J'obserue ton merite auec étonnement,
C'est l'Oeuure en qui le Ciel joint le plus hautement,
La grandeur de l'esprit à celle du Courage.

   Par tout, ta grace éclate auec tant d'auantage,
Et d'vn charme subtil rauit si doucement :
Qu'on ne peut sans amour obseruer vn moment
Le son de ta parole & l'air de ton visage.

   Mais lors que l'on te void les armes à la Main
Choquer vn ennemy d'vn effort plus qu'humain,
Cette audace heroïque est vne autre merueille :

   Et de quelques apas dont tu puisses charmer,
On juge auec raison que ta force est pareille,
Soit pour te faire craindre, ou pour te faire aymer.

# SONNET.

VA, marche sur les pas des Heros de ta race,
Qu'au milieu des combats on a veu couronner;
Prince dont le merite heureusement surpasse
L'effort de la creance & l'art d'imaginer.

Sur le sanglant Theatre où le Dieu de la Thrace,
De spectacles d'horreur se void enuironner,
Tu vas faire vne scene où la Belgique audace
Aura dequoy se plaindre & dequoy s'étonner.

Mais tu seras à plaindre, ô merueille des Princes,
Encore que ton bras desole ces Prouinces,
Et comble l'Ennemy de honte & de malheur.

La France fait obstacle à ta gloire éclatante;
Car l'espoir est si grand qu'elle a de ta valeur
Que tu ne peux jamais surpasser son atente.

STANCES.

# STANCES

Ie ne sçaurois cacher ma joye,
Il faut que j'en enuoye
Les éclats jusques dans les Cieux:
Souuerains Directeurs des affaires humaines,
En me donnant des chaînes
Vous m'auez octroyé ce que j'ayme le mieux.

Il ne se treuue rien de rude
En cette seruitude
Par qui l'Esprit soit affligé,
Et les plus libertins que la contrainte étonne,
Fuiroient vne Couronne,
Pour embrasser les fers où je suis engagé.

# VERS HEROIQVES

J'ay beau rechercher dans l'Histoire
Les Amans de la Gloire,
Chez les Grecs, & chez les Romains.
Malgré ce grand éclat que l'on y void paréstre,
Ie treuue que pour Maistre
J'ay le plus acomply d'entre tous les Humains.

Les plus heureuses influences,
Qui des grandes Naissances
Composent les apas diuers,
Et ce que les Heros ont pû mettre en vsage
D'esprit & de courage
Se peuuent obseruer au Prince que je sers.

Jamais vne celeste flame
N'infusa dans vne ame
Tant de lumiere & de chaleur;
Iamais des qualitez dignes d'estre adorées
Ne se sont rencontrées
Auec tant de bonté, de grace & de valeur.

*Le jugeant digne d'vn Empire,*
*Tout ce qu'on treuue à dire*
*En vn Sujet si glorieux.*
*C'est qu'il s'est laissé prendre à la beauté d'Elise,*
*Et qu'Amour le maistrise,*
*Amour qui bien souuent a maistrisé les Dieux.*

*Mais quiconque void cette Belle,*
*Treuue aussi-tost en elle*
*Les excuses de ce défaut.*
*Et ne s'étonne point qu'vn si charmant visage,*
*Prenne tant d'auantage*
*Sur l'ame la plus grande, & le cœur le plus haut.*

*Pour vne moins belle Maistresse,*
*Tout l'espoir de la Grece*
*Languit neuf ans dans vn Vaisseau;*
*Et pres d'vne Beauté mille fois moins aymable,*
*Hercule l'indomtable*
*Abandonna la masse & tourna le fuseau.*

# VERS HEROIQVES

※

*Toutefois ce nouuel Alcyde*
*Vole, où l'Honneur le guide,*
*Sans qu'Amour le tienne aresté ;*
*Et quand Mars le demande on void bien que cette Ame*
*Où Elise met en flame,*
*Brûle aussi du desir de l'immortalité.*

※

*Sans qu'aucun obstacle l'areste*
*Il vole à la conqueste,*
*Où son courage est employé ;*
*Et tout couuert de sang, de fumée, & de poudre,*
*Il va lancer la foudre,*
*A l'honneur des beaux yeux dont il est foudroyé.*

# SVR VN PORTRAIT

## ODE.

L'ART enuieux de la Nature,
Fit icy son plus grand effort,
Pour animer vne peinture
Capable de donner la mort.
Qu'elle est belle, qu'elle est charmante,
Et que l'ardeur est vehemente
Qu'elle allume insensiblement!
Mais Amour jaloux de l'Ouurage
Des fameux Peintres de cét Age,
D'vn air plus doux & plus charmant,
Fit en mon cœur vne autre Image
Qui brûle encor plus viuement.

# VERS HEROIQVES

    Ce PORTRAIT demeure immobile,
Encor qu'il paroisse viuant :
Quoy que Naucray soit fort habile,
Amour s'est montré plus sçauant.
Il a mieux tiré dans mon Ame
Auecque ses crayons de flame,
L'Objet qui me donne des loix.
C'est de sa maniere excellente,
Qu'Elize m'est toûjours presente :
Ie voy ses yeux qui sont mes Rois,
Elle se meut, elle est parlante
Et j'entends le son de sa voix.

    Telle qu'vne naissante Aurore
De qui les apas éclatans,
Auec vn beau jour font éclore
Toutes les roses du Printemps.
Telle dans mon ame tracée,
Parest aux yeux de ma pensée
La Beauté qui fait mes douleurs.
Ie luy raconte mes soufrances,
Mes soins & mes impatiences,
Et la Belle en verse des pleurs;
Qui font entre mes Esperances,
Eclore de nouuelles Fleurs.

## DE Mr TRISTAN.

Ie la voy dans ce grand Empire,
Qui seul est digne de mes vœux;
Et mes soûpirs comme vn Zephire
Font mouuoir l'or de ses cheueux.
Vn modeste sou-ris se jouë
A former vn point sur sa jouë
Dont les apas sont rauissans;
Ie voy la personne diuine,
A qui la Vertu me destine
Auec mille charmes puissans,
Et treuue l'aymable origine
De tous les maux que je ressens.

J'ateste l'éclat de sa bouche,
Dont l'ordre m'est toûjours si cher,
Que sa joye est ce qui me touche,
Et tout ce qui me peut toucher:
Que tout le bien que je souhaite,
C'est de la rendre vn jour parfaite,
Par les soins les plus glorieux.
Qu'elle me peut en souueraine
Dispenser le prix ou la peine,
Et s'assurer que sous les Cieux,
Il n'est rien que je n'entreprenne
Au moindre signe de ses yeux.

# STANCES.

CHASTE ELIZE dont la Beauté
Regne auec tant d'authorité
Sur le plus grand cœur de la Terre,
Ie tremble de respect pour vous,
Et crains moins vn coup de tonnerre
Qu'vn éclat de vostre courroux.

En vn estat si glorieux
Vn seul mouuement de vos yeux
Peut balancer toutes nos testes,
Ce ne sont que vos volontez
Qui forment toutes nos tempestes,
Et toutes nos serenitez.

*Que si rien pouuoit alterer,*
*Les bontez qui font adorer*
*Vne si charmante Maistresse,*
*Vn desespoir tout aparent*
*Nous consommeroit de tristesse,*
*De mesme qu'vn feu deuorant.*

*Mais le Ciel ne permette point,*
*Que vostre rigueur à tel point,*
*Réponde à nos humbles hommages?*
*Veid-on jamais les immortels*
*Foudroyer leurs propres Ouurages,*
*Et briser leurs propres Autels.*

# SONNET.

SVR la fin de son Cours le Soleil sommeilloit,
Et déja ses Courciers abordoient la Marine,
Quand Elize passa dans un char qui brilloit
De la seule splendeur de sa beauté diuine.

Mille apas éclatans qui font un nouueau jour
Et qui sont couronnez d'vne grace immortelle,
Les rayons de la Gloire & les feux de l'Amour,
Eblouïssoient la veuë & brûloient auec elle.

Je regardois coucher le bel Astre des Cieux
Lors que ce grand éclat me vint fraper les yeux
Et de cét accident ma raison fut surprise :

Mon desordre fut grand je ne le cele pas,
Voyant baisser le jour & rencontrant Elize,
Ie creus que le Soleil reuenoit sur ses pas.

# STANCES

FINISSEZ bruits trompeurs, ridicules mensonges,
Qui peignez des tableaux à la façon des songes :
Fantômes de la nuit que la clarté du jour
    Efface à son retour.

Elize est revenuë auec toutes les Graces
Qui volent deuant elle, ou marchent sur ses traces :
Elle a tous les apas & toutes les beautez
    Qu'elle auoit emportez.

L'Air n'a point fait d'outrage à ses rares merueilles,
Il paroist qu'vn faux bruit a blessé nos oreilles,
Et qu'effectiuement le mal n'a point ateint
    L'éclat de son beau teint.

*Cét air contagieux fatal aux belles choses*
*Qui rauage d'un teint & les lys & les roses*
*Sçait qu'à nostre Heros son visage est trop cher*
*Pour l'oser aprocher.*

*Mais tant de dons du Ciel font briller cette Belle*
*Qu'elle ne seroit point passible ny mortelle,*
*Si les rares vertus maintenoient la beauté*
*Dans l'immortalité.*

Vn long accez de fiéure & d'assez grandes peines
Ont allumé deux jours son beau sang dans ses veines
Pour venger vn grand cœur que cét Astre d'Amour
Fait brûler nuit & jour.

# STANCES.

HEROS aymable & glorieux,
Ornement du siecle où nous sommes,
Prince braue à l'égal des Dieux,
Et charmant au delà des hommes.

Selon vostre commandement
I'ay veu cette rare Merueille
Dont par fois la nuit en dormant
La belle Image vous réueille.

Je l'ay veuë auec des douleurs,
Que son Ame conserue encore
Representant auec ses pleurs
Le personnage de l'Aurore.

# VERS HEROIQVES

Si pour conseruer ses beautez,
Vous n'acourez en diligence,
Ses Cheueux seront mal traitez
Sur le sujet de vostre abscence.

J'ay crainte mesme que ses Mains,
Si vous ne hastez ce Voyage,
Dans leurs mouuemens inhumains
S'en prennent à son beau visage.

Mais pour flater vostre desir,
Ie meure si je la console
Sur vn sujet de déplaisir
Qui m'a fait perdre la parole.

Ayant l'honneur de luy parler
Sur cette absence regretable,
Si je croyois la consoler
Ie resterois inconsolable.

Ce dessein deust-il m'atirer
Tous les maux qu'atirent les crimes,
Ie ne feray que l'asseurer
Que ses pleurs sont fort legitimes.

# VERS HEROIQUES

## SUR LE PASSAGE DE SON ALTESSE

### SONNET.

VENUS, Fille de l'Onde & Mere de l'Amour,
Si jamais ta faueur seruit au nauigage,
D'vn Heros inuincible auance le voyage ;
Puis qu'Elize soûpire atendant son retour.

Commande à ces Tritons qui te firent la Cour,
Qu'ils aillent aplanir les flots sur son passage ;
Et par l'espace au moins d'vne nuit & d'vn jour,
Que le Ciel soit sans trouble & la Mer sans orage.

Son Vaisseau se commet à l'Empire flotant :
Voy comme sur la Poupe en habit éclatant,
Par son aspect auguste il rend l'Onde apaisée.

Mais que dis-je, ô Venus, détourne tes regars
De peur de deuenir Amante & méprisée
S'il entroit dans ton cœur à la place de Mars.

# LES INQVIETVDES

## MADRIGAL.

QVE le temps marche lentement
Pour amener le doux moment
Dont me flate mon esperance!
C'est au moins vn siecle qu'vn jour,
Mesuré par l'impatience
D'vne Ame qui brûle d'amour.

# VN PETIT OYSEAV PARLE

## MADRIGAL

PASSANT plus viste qu'vn éclair
Par les vagues pleines de l'air,
J'ay veu tout le Monde habitable;
Mais Elize est incomparable.
La Nature n'a point formé
Ny d'Objet qui soit plus aymable,
Ny d'Objet qui soit plus aymé.

## DE Mr TRISTAN.

# LE PROVERBE VERIFIÉ.

## SONNET.

L'INVINCIBLE Anaxandre a perdu la franchise,
Luy qui pourroit l'oster aux premiers des humains :
Mais s'il en fait hommage à la beauté d'Elize
Pouvoit-il la remetre en de plus belles mains ?

Je ne m'étonne pas que les trais de ses yeux
Donnent à ce grand cœur vne ateinte profonde ;
Elle est comme ce Prince vn Chef-d'œuure des Cieux ;
Et l'on peut les nommer deux Miracles du Monde.

Je tenois ce discours quand Elize passa ;
Et lors qu'elle parut le Soleil s'éclypsa
Pour luy quiter son rang en tout nostre Hemisphere.

O Muses, dis-je alors, il faut que nous croyons
La verité qu'enseigne vn Prouerbe vulgaire
En parlant d'vn Soleil, j'en ay veu les rayons.

# MADRIGAL

LES fleurs que le Printemps produit,
 Et les petits feux de la nuit,
Se comteroient plustost que mes tristes alarmes :
Mais Amour ce cruel, qui se rit de mes soins,
 De mes soûpirs & de mes larmes,
 M'acuse encor d'en auoir moins
 Que vostre beauté n'a de charmes.

# L'EXTASE D'VN BAISER
## SONNET.

Av point que j'expirois, tu m'as rendu le jour,
Baiser, dont jusqu'au cœur le sentiment me touche,
Enfant delicieux de la plus belle bouche
Qui jamais prononça les Oracles d'Amour.

Mais tout mon sang s'altere, vne brûlante fiévre
Me rauit la couleur & m'oste la raison;
Cieux ! j'ay pris à la fois sur cette belle léure
D'vn celeste Nectar & d'vn mortel poison.

Ah ! mon Ame s'enuole en ce transport de joye !
Ce gage de salut, dans la tombe m'enuoye;
C'est fait ! je n'en puis plus, Elize je me meurs.

Ce Baiser est vn sceau par qui ma vie est close:
Et comme on peut treuuer vn serpent sous des fleurs,
J'ay rencontré ma mort sur vn bouton de rose.

# VERS HEROIQVES

## PROTESTATIONS AMOVREVSES.

## MADRIGAL.

IE proteste à vostre beauté,
Qu'elle a pris sur ma liberté
Vn Empire fort legitime;
Puis que l'Amour & la Raison,
L'Honneur, le Merite & l'Estime
Sont les Geoliers de ma Prison.

# SONNET

ADMIRABLE Concert de celestes beautez,
Magnifique Recueil de fleurs & de lumieres,
Quel Aygle audacieux pres de tant de clartez,
Ne seroit pas contraint de fermer les paupieres ?

Quelle haute Raison maintient les libertez,
Quand il vous plaist de voir les Ames prisonnieres ?
Et qu'auez vous de moins que les Diuinitez,
Puis que vous atirez nos vœux & nos prieres ?

O que j'auray d'honneur mesme dans le Cercueil !
Encore que ma foy qui combat vostre orgueil,
En lieu de vous fléchir, sans cesse vous irrite.

Car sur ma sepulture on lira quelque jour
Que ce fut pour le moins un Soleil en merite,
Qui reduisit en cendre vn Phenix en Amour.

# SONNET

Ô BEAUTÉ qu'un depart aflige
D'vn mal pire que le trépas;
L'Amour aux larmes vous oblige,
Mais la Raison ne le veut pas.

Celuy dont vous pleignez l'absence
Vous impose vn estat plus doux;
Encore qu'il sorte de France,
Il ne s'éloigne point de vous.

L'Astre puissant qui vous assemble,
Vous fera toûjours viure ensemble,
Malgré le Sort & sa rigueur;

Par les loix d'vne sainte flame,
Vous serez toûjours dans son cœur,
Comme il est toûjours dans vostre Ame.

# A LA VILLE DE ROME,

en faueur

## DE MONSEIGNEVR LE DVC DE GVYSE.

### STANCES.

MAISTRESSE des Citez, & le Chef de la Terre,
Solide fondement du Siege de Saint Pierre
Dont le nom glorieux vole de toutes pars;
Tu dois te réjouir, superbe & sainte Rome,
En receuant vn homme
Que nous tenons égal au premier des Cesars.

# VERS HEROIQVES

*Sous tes Ordres Sacrez, ses illustres Ancestres*
*Des champs Idumeens se sont rendus les Maistres;*
*Comblans tout l'Orient de merueille & d'efroy.*
*Mais sans qu'il soit besoin d'en dire dauantage,*
  *A l'air de son visage*
*Tu reconnestras bien le sang de Godefroy.*

*Vn Astre fauorable a mis en sa personne*
*Les plus riches Tresors que la Nature donne*
*A ceux que ses bontez veulent fauoriser.*
*Et la rare abondance en est si peu commune,*
  *Qu'aujourd'huy la Fortune*
*Pour égaler ses dons se pourroit épuiser.*

*Ainsi que son Esprit, sa grace est sans pareille,*
*Toutes ses actions donnent de la merueille,*
*Il atire sur luy tous les yeux de la Cour.*
*Et lors qu'il fait agir ou ses yeux, ou sa bouche,*
  *Le cœur le plus farouche*
*Se treuue tout comblé de respect & d'amour.*

Mais sa haute valeur est vn nouueau Prodige
Qui brille auec éclat où la Gloire l'oblige
D'agir auec le fer pour l'immortalité.
Et s'il auoit en teste vn des plus vaillans hommes
De ceux que tu renommes,
Tout l'espoir de l'honneur seroit de son costé.


Sois luy donc fauorable, ô la Reyne des Villes,
Ren de ses ennemis les efforts inutiles,
Quelque couleur de droict qu'ils puissent exposer.
Selon nos justes vœux acorde sa requeste,
Et remets sur sa teste
Les Biens que le malheur en a fait diuiser.


S'il arriuoit vn jour que l'audace Othomane
Entreprit d'vn effort sacrilege & profane,
D'ataquer tes Estats par la porte des flots,
Tu n'aurois pour en voir l'esperance trompée
Qu'à benir vne espée,
Et la mettre à la main de ce digne Heros.

# VERS HEROIQVES

*O combien de Soldats dont la valeur égale*
*Celle de ces Guerriers qui des champs de Pharsale,*
*Fit autrefois rougir l'émail confusement:*
*Combien de braues Chefs Amis de la Victoire*
   *Tiendroient à grande gloire*
*D'acourir aux perils sous son commandement.*

*Que la triste Candie en rompant ses entraues,*
*De ses nouueaux Tyrans verroit faire d'Esclaues*
*A l'abry glorieux de ses premiers Exploits!*
*Car auec plus d'honneur que l'Histoire ne chante*
   *Du combat de Lepante,*
*Il feroit triompher les armes de la Croix.*

*Facent les Cieux Amis qu'aussi bien que ses Peres,*
*Il treuue à ses desseins toutes choses prosperes,*
*Et n'entrepenne rien dont il ne vienne à bout.*
*Puis que toute l'Europe aussi bien que la France,*
   *Iuge auec aparance*
*Qu'vn Prince si bien fait est capable de tout.*

# LA GLOIRE,
## A MONSEIGNEVR LE DVC DE GVYSE.
### STANCES.

**V**OVS que dés le Berceau mes apas enflamerent
Remplissans vostre sein d'vn desir glorieux,
Grand HEROS qui sçauez que vos Ayeux m'aymerent,
Et qui m'aymez sans doute autant que vos Ayeux.

HENRY, voicy le temps où Mars met en Campagne,
Pour voir des grands Guerriers exprimer la valeur:
Et c'est par vostre bras qu'on s'atend que l'Espagne
Auec confusion se plaindra du malheur.

Si toûjours vostre cœur pour mes faueurs soûpire
Tournez vers les Estats que defend le Lyon,
Et venez prendre part au debris d'vn Empire
Qui sera plus fameux que celuy d'Ilion.

Dés que vostre valeur selon nostre esperance,
Laissant bien loin le Tybre abordera l'Escaut,
Vous auancerez tant pour l'honneur de la France
Que jamais vos Ayeux ne l'ont porté si haut.

Dans le soin d'honorer les Illustres personnes
Qui signalent leurs noms au milieu des hazars,
I'apreste à vostre front d'aussi belles Couronnes
Qu'en ait jamais porté le premier des Cesars.

Je ne seray jamais pleinement satisfaite
Qu'alors que vos Combats en mille lieux diuers,
M'obligeront encor d'emboucher la Trompete.
Dont je fay retentir les coins de l'Vniuers.

## DE Mr TRISTAN.

Reuenez donc grand Prince, & dans vne auanture
Qui ternisse l'honneur des Heros anciens,
Estalez à nos yeux ces dons de la Nature
Qui forcent la Fortune à vous offrir les siens.

Mais vn soûpir d'Elize, vne œillade mourante,
Vn soû-ris de sa Bouche, vn fil de ses cheueux,
S'en vont fortifier les souhais que j'enfante,
Puis que ce digne Objet forme les mesmes vœux.

De ce jaune Poison je ne suis point saisie
Dont Amour sçait tâcher des Cœurs moins releuez,
Et vos soins tour à tour peuuent sans jalousie,
Nous rendre à toutes deux ce que vous nous deuez.

L'Enuie aux yeux perçans, à l'haleine infectée,
Et qui des beaux Objets se plaist à murmurer,
Obseruant les vertus dont elle est concertée
Deuant ce grand éclat ne fait que soûpirer.

*Auſſi j'ay de la joye à loüer ma Riuale,*
*Pour mille qualitez, je l'ayme auec raiſon.*
*A ce diuin Chef-d'œuure il n'eſt rien qui s'égale,*
*Et meſme le Soleil craint ſa comparaiſon.*

❀

*Dans la Sainte retraite où depuis voſtre abſence,*
*Elle paſſe à l'écart des momens ennuyeux,*
*Quiconque la peut voir juge auec aparence*
*Qu'il ſe treuue icy bas des habitans des Cieux.*

❀

*L'Eclat de ſon beau teint qui rauit toute choſe*
*Des Treſors du Printemps détruit la nouueauté,*
*Il fait pâlir le Lys, il fait rougir la Roze,*
*Et ceder l'vn & l'autre à ſa viue beauté.*

❀

*Jamais elle ne ſort que Zephir qui l'adore,*
*Et ſemble ſe reſoudre en ſoûpirs amoureux,*
*N'abandonne le ſoin de l'Empire de Flore*
*Pour poſſeder l'honneur de baiſer ſes Cheueux.*

N'aguere

# DE Mr TRISTAN.

*Naguere en un Verger, des Nymphes Chasseresses*
*La prirent pour Diane & luy firent la Cour,*
*Jurant que ses beautez au debat des Deesses*
*Auroient osté la Pomme à la Mere d'Amour.*

*Vne fraîche Nayade en un Bassin superbe*
*Qui d'un large Parterre est le noble ornement,*
*Vn jour que sur ses bords elle rêuoit sur l'herbe,*
*Fit auec un doux bruit le mesme jugement.*

*Il faut qu'un promt retour, Grand Prince, nous assure*
*Que nulle autre Beauté n'ébranle vostre foy:*
*Elize vous en prie & je vous en conjure,*
*Ou reuenez pour elle, ou reuenez pour moy.*

# VERS HEROIQVES

## A S.A.

## MADRIGAL.

PHENIX des Illustres personnes,
Grand Prince on atend ton retour
Pour t'offrir deux belles Couronnes
Que t'apreftent Mars & l'Amour.
Mais à ce retour aparent ;
Il faut bien que tu te disposes :
Car tu n'est pas indiferent
Pour les Lauriers, & pour les Roses.

## POVR MONSEIGNEVR LE DVC DE GVYSE

Son Altesse allant auec la flote de France
au secours des Napolitains.

### ODE.

SORTEZ de vos Grotes profondes,
Et venez jouer sur les Ondes
Vertes Diuinitez des Eaux.
Mais faites enchaîner la rage
De ces vents Peres de l'orage
Qui sont ennemis des Vaisseaux;
Pour donner vn libre passage
A des Argonautes nouueaux.

# VERS HEROIQVES

*Parthenope qui les apelle,*
*Connoist bien la gloire immortelle*
*De leur adorable Iason,*
*Sans doute celuy de la Grece*
*Quelques Eloges qu'on luy dresse,*
*Ne pourroit auecque raison*
*Pour la valeur ny pour l'adresse,*
*Aller à sa comparaison.*

*Il n'est obserué de personne*
*Qui ne l'admire & ne s'étonne*
*D'y voir tant de faueurs des Cieux :*
*Et la belle Nymphe opressée,*
*Pour voir la tempeste cessée*
*De ses desordres furieux,*
*Ne pouuoit auoir de pensée*
*Pour vn Heros plus glorieux.*

*Rassurez-vous belle Prouince,*
*A la faueur de ce grand Prince*
*Vos cœurs seront bien-tost contens,*
*Car ce nouueau Dieu de la Guerre*
*Est prest à mettre pied à terre;*
*Il va vous secourir à temps:*
*Et lancer des coups de tonnerre*
*Sur le reste de vos Titans.*

*O que de Lauriers on moissonne*
*Auec cette digne Personne,*
*Tant sur la Terre que sur l'Eau!*
*Vn Dieu qui des choses futures*
*Perce les nuits les plus obscures,*
*Par vn priuilege nouueau,*
*De ces illustres auantures*
*Me fait voir vn riche Tableau.*

Ff iij

# VERS HEROIQVES

Le Ciel qui se montre propice
Au sang qui demande Iustice
Fait reüssir tous ses efforts.
La Fortune qui l'acompagne
Le fait passer à la campagne
Dessus des montagnes de morts,
Et brûler les flotes d'Espagne
Dans ses Haures & dans ses Ports.

Sous ce Defenseur admirable
Le cours d'vn mal si déplorable,
Est à la veille de finir :
Et ses bontez si magnifiques
Apres ces miseres publiques
Pourront sans doute à l'auenir,
De toutes Grandeurs tyranniques
Faire abhorrer le souuenir.

CHEVALIER Amy de la Gloire,
Digne Prince à qui la victoire
Tant de Couronnes a promis;
Ce bruit va presser ton courage
De haster vn si beau voyage,
Et j'ay peur que s'il est remis
Nous te verrons pleurer de rage
De n'y treuuer plus d'ennemis.

# SONNET.

PRINCE braue & charmant, qui parmy les Combats
Dois estre Couronné des mains de la Victoire;
Sçache que le Destin m'a fait naistre icy bas
Pour estre à l'auenir le témoin de ta Gloire.

Le Ciel veut que par tout j'acompagne tes pas
Afin que mes Ecrits seruent à ton Histoire;
Et peignent ses brillans auecque tant d'apas,
Que jamais on ne puisse en perdre la memoire.

Tu peux faire sans moy de grandes actions,
Mais sans la nouueauté de mes Inuentions,
Ton Nom pourroit vieillir par la suite de l'Age:

Et si les beaux Esprits t'estoient indiferans,
Rien ne témoigneroit l'excés de ton Courage,
Fors le cry des blessez & la voix des mourans.

# A MONSIEVR
## LE COMTE
## DE SAINT AIGNAN.
## STANCES.

AMY *des Armes & des Arts*
*Dont le merite est tel qu'on ne s'en peut defendre,*
  *Comte, braue à l'égal de Mars,*
*Et noble & genereux à l'égal d'Alexandre.*

*Comme ce Maistre des Humains*
*Pour qui toûjours le Sort eut tant de deferance,*
  *Tu donnes tout à pleines mains*
*Et ne retiens pour toy que la seule esperance.*

*Par vn goust trop delicieux*
*Ta liberale humeur à toute heure s'employe,*
  *C'est toucher au plaisir des Dieux,*
*Qui de faire du bien font leur vnique joye.*

O que ta perſonne à d'apas !
Et qu'elle a de rayons d'vne grace immortelle !
Ie croy que l'on ne pourroit pas
Se former d'vn Heros vn plus parfait modelle.

Quelle qualité me ſurprit
Qui pour ſon rare éclat doit eſtre la premiere ?
Fut-ce ton cœur, où ton Eſprit ?
Si l'vn eſt tout de feu l'autre eſt tout de lumiere.

Soit en Guerrier ſoit en Amant
Tu peux executer de merueilleuſes choſes ;
Et par tous deux également
Tu te voids couronné de Lauriers & de Roſes.

Icy dans vn Bois écarté
Où l'on treuue toûjours du frais & de l'ombrage,
Loin du bruit & de la clarté
Ie m'entretiens tout ſeul auec ta belle Image.

# DE Mr TRISTAN.

*Je luy fais mille complimens
Sur ta faueur presente & tes faueurs passées,
Ie luy dis tous mes sentimens,
Et la fais presider sur toutes mes pensées.*

*Il m'est auis qu'à son aspect,
Ie sens qu'vn feu diuin dans mes veines s'alume,
Il me semble que son respect
Conduit plus noblement tous les traits de ma plume.*

*Mais tandis que je parle à toy
Dans la tranquilité de cette solitude;
Tu semes l'horreur & l'effroy
Parmy les champs de Mars dont tu fais ton estude.*

*Superbe Demon des combas
Que suit le fer, la flame, & le pourpre, & la peste,
Marches toûjours deuant ses pas
Pour détourner de luy toute chose funeste.*

# VERS HEROIQVES

## A LVY-MESME.

## SONNET.

IE veux du cours des ans preseruer ta memoire
Auant que le trépas m'enuoye au monument,
Heros qui te fais voir si jaloux de la Gloire,
Et la sçais posseder si legitimement.

Il faut bien que ma Muse à l'enuy de l'Histoire,
Fasse vn viuant Portrait d'vn Heros si charmant,
Dont l'esprit & le Cœur montrent si hautement
Qu'il est cher à Minerue & cher à la Victoire.

Illustrant ce Tableau des plus viues couleurs,
Ie te couronneray des Lauriers & des fleurs
Dont tu rens aujourd'huy la Terre parfumée :

Mais pourray-je acomplir ce que je te promets ?
Ta liberalité nuit à ta renommée
Car ceux qui la sçauront ne me croiront jamais.

## POVR MONSIEVR LE COMTE DE SAINT AIGNAN,

FAISANT FAIRE SON PORTRAIT
par le Sieur Champagne.

## STANCES.

COMTE, de qui Mars est jaloux,
La Peinture & la Poësie
Vont bien-tost pour l'amour de vous
Faire éclat de leur jalousie.

✻

Vostre grace & vostre valeur
Vont bien-tost paroistre sans voile ;
Peintes d'vne viue couleur
Sur le papier & sur la toile.

*On verra dans deux beaux Portraits*
*Vostre visage & vostre vie.*
*Champagne & moy ferons des traits*
*Qui braueront ceux de l'Enuie.*

*Mais je crains que dans ce concert*
*De loüanges & de merueilles,*
*L'huile docte dont il se sert*
*Ternisse celle de mes veilles.*

*Quoy qui brille dans mes Ecris,*
*Sa façon de peindre est plus belle :*
*Ma plume doit ceder le prix*
*Au pinceau d'vn second Apelle.*

*Sa peinture aura plus d'apas,*
*La mienne sera plus grossiere :*
*Mais mon Tableau ne craindra pas*
*Ny les Siecles ny la poussiere.*

## A LA FOTVNE,
Sur la Maladie de Monsieur le Comte
## DE SAINT AIGNAN.
## SONNET.

MONSTRE, Ennemy mortel de la haute Vertu
Qui par des lâchetez qui sont assez connuës,
Laissant dessous tes pieds le merite abatu,
Portes l'indignité jusqu'au dessus des nuës.

FORTVNE, mon Heros a perdu la santé
Par vn reste caché de ta malice noire ;
Et tu veux te vanger par cette cruauté
De ce qu'il t'éblouït par l'éclat de sa gloire.

Il braue trop aussi les dangers & la Mort,
Et selon qu'il te traite on s'étonneroit fort
Si tu luy conseruois vn sentiment plus tendre.

Le Superbe, il soû-rit lors que tu luy fais froit ;
Et dans le vol hautain que l'honneur luy fait prendre
Si tu le caressois il te repousseroit.

# A MONSIEVR LE COMTE DE SAINT AIGNAN SVR SA MALADIE.

## STANCES.

ATTENDANT l'honneur de te voir,
Cher Comte il faut que je te die
Qu'on m'a mis dans le desespoir,
En m'aprenant ta maladie.

Ouy, ton mal me touche si fort,
Ie te le dis auec franchise,
Que j'irois courir à la mort
Si ma mort te seruoit de crise.

## DE Mr TRISTAN.

Vn feu subtil qui vient des Cieux
Est cause de toutes tes peines;
Ce feu qui brille dans tes yeux,
Brûle bien souuent dans tes veines.

Ce grand feu desseche ton Corps,
Et te rend le visage blême:
Lors qu'il n'agit point au dehors,
Il faut qu'il agisse en toy-mesme.

On doit en ce noble vaisseau
Conseruer cherement ton Ame,
En temperant auec de l'eau
L'ardeur d'vne si viue flame.

Mais ce mal n'est pas vn Outil
A creuser vne sepulture;
Et ta bile est vn sel subtil
Qui defend de la pourriture.

*Ta perte ne doit de long-temps*
*Exciter nos cris & nos larmes;*
*Tu seras encor cinquante ans*
*L'apuy des Lettres & des Armes.*

*Ton Cœur n'a point à redouter*
*Que bien tost ta Carriere acheue,*
*Si ta fortune doit monter*
*Au point où ta gloire s'éleue.*

*Tu ne dois mourir, ce dit-on,*
*Qu'apres vingt conduites d'armées;*
*Apuyé dessus vn bâton,*
*Où des fleurs de Lys sont semées.*

*Ta sage modestie icy*
*Voudra tenir ma bouche close,*
*Et sur des couleurs de soucy,*
*Semera des couleurs de rose.*

*Je tais ces grandes qualitez,*
*De peur que cela t'embarasse,*
*Voyant de belles veritez*
*Ecrites de mauuaise grace.*

*Excuse en ces vers la longueur*
*D'vn Objet de la Medecine,*
*Que ta fiéure a mis en langueur,*
*Et qu'vn mal de Rate assassine.*

# STANCES,
## Sur le mesme Sujet.

JE treuue vn fort bizarre au mal qui t'a surpris;
Tu deuois estre exempt d'vne telle infortune:
Ton front deuoit porter mille pierres de prix,
Lors que tu fus ateint d'vne pierre commune.

Cependant, Mars luy-mesme eut de semblables coups
Combatant comme toy d'vn courage heroïque;
On le veid renuersé sous le poids des cailloux,
Comme on te veid tomber sous le poids d'vne brique.

En ce mal douloureux tu dois te consoler
Par l'Objet de l'Honneur, dont ton Ame est charmée:
Puis que ces accidens se peuuent apeler
Des faueurs de la Gloire & de la Renommée.

## DE Mr TRISTAN.

*Pour moy de qui les ans debilitent le corps,*
*Ie sens de plus d'vn mal la grandeur qui m'aterre;*
*Et comme tu te plains d'vne tuille au dehors,*
*Ie me plains au dedans de l'effort d'vne pierre.*

*Ie sens dans le costé des marques d'vn abses:*
*Ma poitrine est toûjours d'vn asme soûleuée;*
*Si j'auois vne amour & quelque grand procés,*
*Ie verrois de tout point ma fortune acheuée.*

*Mais parmy tous ces maux dont j'irrite le cours*
*Auec le noir chagrin dont mon humeur abonde;*
*Ie suis assez heureux si tu m'aymes toûjours;*
*Et j'opose ce bien à tous les maux du monde.*

# VERS HEROIQVES

## A MONSIEVR LE COMTE DE SAINT AIGNAN,
### Sur sa guerison.

## STANCES.

COMTE l'heure n'est pas venuë,
Où vos yeux d'vne obscure nuë
Se tiendront pour jamais fermez;
Vous n'estes menacé d'aucun mauuais presage,
Et vostre guerison se lit sur le visage
De ceux que vous aymez.

Comme par fois dans vn Orage,
Qui met en peril de naufrage
Ceux qui se treuuent sur les flots.
Vn vent vient à regner contre toute aparance,
Qui sauue le Nauire & remet l'Esperance
Au cœur des Matelots.

*Ainsi d'vne aymable surprise,*
*Vne heureuse & puissante crise*
*Dont les Cieux furent les Autheurs,*
*Quand nous estions pour vous en de grandes alarmes,*
*A fait cesser les cris, & fait tarir les larmes*
*De tous vos Seruiteurs.*

*La Nature en vous inuincible,*
*A vaincu cette humeur nuisible,*
*Dont chacun fut épouuanté ;*
*Et selon ce progrés on a sujet de croire,*
*Que vous allez jouïr apres cette victoire*
*D'vne longue santé.*

*Mais pour vous la rendre asseurée,*
*Et voir aprocher sa durée*
*Du point que marquent nos souhaits ;*
*Benissez hautement le Ciel qui vous l'enuoye,*
*Et goustez tant soit peu de l'innocente joye*
*Qu'on treuue dans la Paix.*

# VERS HEROIQVES

*Assez de fois dans les Batailles,*
*Et deuant de fortes Murailles*
*Vous auez braué le trépas ;*
*Et vers ces grands perils où la Gloire nous guide,*
*Iamais le plus vaillant & le plus intrepide,*
*N'à deuancé vos pas.*

*Apres ces Rolés heroïques*
*Iouez sur des Scenes tragiques,*
*Où l'on s'expose à tous propos ;*
*Allez reprendre haleine en quelque Solitude,*
*Et vous entretenir en l'agreable Estude*
*Que forme le Repos.*

*Aujourd'huy que la Terre brûle,*
*Et que l'ardante Canicule*
*Remplit l'air de viues chaleurs :*
*Passez dans quelque Alée où le jour entre à peine,*
*Ou respirez le frais au bord d'vne Fontaine*
*Sur quelque lit de Fleurs.*

Toutes

## DE Mr TRISTAN.

Toutes choses sont passageres,
Et le Temps aux aîles legeres
Les precipite vers leur fin :
Nous voyons des Mortels les tristes Destinées
Et sçauons que le soir des plus belles journées,
Est pres de leur Matin.

# VERS HEROIQVES

## SVR VNE AVTRE INDISPOSITION de Monsieur le Comte DE SAINT AIGNAN. STANCES.

QVAND pourray-je rendre visite  
A ce Comte dont le merite  
M'a si doucement enchanté ?  
Il faut toûjours qu'il me souuienne  
D'aprendre quelle est sa santé,  
Pour sçauoir l'estat de la mienne.

C'est auec tant de sympathie  
Que mon ame est assujetie  
Au sort de ce digne Heros;  
Que mesme dans la solitude  
Ie ne puis treuuer de repos  
Quand il est en inquietude.

## DE Mr TRISTAN.

*Lors qu'une chaleur étrangere,*
*Tantost forte & tantost legere,*
*Rendoit son pouls immoderé ;*
*I'auois l'esprit dessus la léure,*
*Et mon sang estoit alteré*
*De la seule ardeur de sa fiévre.*

*Mon ame afligée ou rauie*
*De ce qui regarde sa vie,*
*En fait sa joye & ses douleurs ;*
*Et lors que l'Amour ou les Armes*
*Luy coustent du sang ou des pleurs,*
*I'en verse du sang ou des larmes.*

*Mais mon cœur ne se peut dédire*
*De soufrir cét aymable empire,*
*De tant de charmes adoucy ;*
*Celuy qui s'en pourroit defendre,*
*Auroit pû se defendre aussy,*
*D'aymer les Vertus d'Alexandre.*

# VERS HEROIQVES

O qu'il a de graces brillantes,
Et de qualitez excellentes
Qui regnent en mon souuenir!
Sa main aux armes ocupée
Seroit capable de tenir
Vn Sceptre aussi bien qu'vne épée.

Si le Ciel qui sçait ma pensée
Rendoit ma priere exaucée,
On le metroit sur les Autels :
Et la Fortune qui se jouë
De l'estat de tous les Mortels,
L'assieroit au haut de sa Rouë.

# A MADAME MARTEL,

Sur l'heureux Mariage de Mesdames ses Filles, l'vne auec Monsieur de la Salle, Capitaine aux Gardes: Et l'autre auec Monsieur de Guenegault Tresorier de l'Espargne.

AVEC ces prudentes clartez
Qu'on imite aux sages Familles,
Vous auez placé vos deux filles
Dans vn Ciel de felicitez,
En vne haute & noble Sphere,
L'vn & l'autre Astre nous éclaire
Par vostre digne élection;
Et fait paroistre sa puissance,
L'vn au signe de la Balance,
Et l'autre au signe du Lyon.

## A MADAME DE BEAUVAIS,

Premiere Femme de Chambre de la Reyne Regente, pour vn bon Office dont elle honora l'Autheur prés de sa Majesté.

## STANCES

L'ART dont vous obligez, est vn art souuerain,
Où la franchise éclate auec beaucoup de gloire,
Et mes ressentimens le grauent sur l'airain,
Afin d'en conseruer à jamais la memoire.

Je conçois vne peur qui me met en couroux,
Emeu par la bonté d'vn trait si peu vulgaire,
C'est que selon les vœux que je feray pour vous,
Vostre plus grand bon-heur ne me contente guere.

Mais pour mesure au moins, de vos prosperitez,
Si vous n'obtenez pas ce que je vous desire;
Ayez autant de bien que vous en meritez,
Et vous en aurez plus que je n'en sçaurois dire.

# DE Mr TRISTAN.

## POVR
## MADEMOISELLE,
Presentant des Armes au Roy
en vn Ballet.

## STANCES.

**R**ECEVEZ ces Armes fatales,
Roy dont les vertus sans égales
Font juger l'estre plus qu'humain:
Leur acier n'est pas inutile,
C'est vn chef-d'œuure de la main
Qui forgea le harnois d'Achille.

# VERS HEROIQVES

*Lors que vous mettrez en pratique*
*Ou cette épée ou cette pique,*
*Mars mesme fuyra deuant vous;*
*Et comme si c'estoit la foudre,*
*Les moins redoutez de vos coups*
*Mettront des Colosses en poudre.*

*Par tout où vous les ferez luire,*
*Les Destins qui n'osent vous nuire*
*Feront écarter le malheur;*
*Et vous acroistrez cette gloire,*
*Dont les traits de vostre Valeur*
*Ont si fort enrichy l'Histoire.*

A

# MADEMOISELLE.
Sur son voyage de Pologne.

## STANCES.

POVR rabatre la vanité
Dont l'éclat de vostre beauté
Donne de l'enflure à vostre Ame :
Sçachez que la rigueur des Cieux
Se veut oposer à la flame
Qu'allument par tout vos beaux yeux.

Amour que vostre jeune orgueil
Menace de mettre au Cercueil,
Contre vous la froidure irrite :
Et pour rire du chastiment
Que vostre cruauté merite
N'attend que vostre partement.

# VERS HEROIQVES.

※❦※

L'Air en cette triste saison,
Froid à vostre comparaison,
Fera comme vous peu de grace:
Et d'vne inflexible rigueur
Mettra par tout autant de glace
Qu'il s'en treuue dans vostre Cœur.

※❦※

L'Hyuer regnant de tous costez,
Luy pour qui les tendres beautez,
N'ont pas le moindre priuilege ;
Comme par vn jaloux dessein,
Fera cacher deuant sa neige,
La neige de vostre beau sein.

※❦※

Que deuiendra sur le chemin
Ce blanc & delicat Iasmin
Qui compose vostre visage ?
Le grand froid ennemy des Fleurs,
D'vne trop insolente rage
En fera ternir les couleurs.

## DE Mr TRISTAN.

*Vos yeux enflez & languiſſans,*
*N'ayans plus ces foudres puiſſans*
*Dont leur viue lumiere éclate :*
*Languiront comme le Soleil*
*Qui ſortant d'vn lict d'écarlate,*
*Eſt encor tout gros de ſommeil.*

*Voſtre bouche encor ſouffrira;*
*Car vn gris de lin couurira*
*L'éclat de ſes Roſes vermeilles :*
*Et pour tous amoureux ſoûpirs,*
*Vous n'entendrez à vos oreilles*
*Que les fiers parens des Zephirs.*

*Où ſeront alors ces apas*
*Honorez de tant de trépas,*
*Et ſuperbes de tant d'hommages ?*
*Voſtre Eſprit en eſt ſuſpendu :*
*Et meſme en voyant ces images,*
*Vous pleurez d'auoir tout perdu.*

*C'est assez : essuyez ces pleurs*
*Dont vous plaignez vos belles Fleurs,*
*Et vos deux brillantes Estoilles :*
*Quoy que le jour leur puisse oster,*
*Au moins chaque soir dans les poiles*
*On les verra ressusciter.*

*Mais quand vous serez de séjour,*
*Vos yeux en vne auguste Cour*
*Reprenans toute leur puissance ;*
*Sur tout ce qui viendra s'offrir,*
*Prendront vne étrange vengeance*
*Des maux qu'ils auront pû souffrir.*

*Vous verrez deuant vos beaux yeux*
*Cent Polonois victorieux,*
*Que vous reduirez à la chaîne :*
*Et qui vous protesteront tous*
*Qu'auprès de vostre belle Reyne,*
*Il n'est rien de plus beau que vous.*

# LA BELLE GUEUSE.
## MADRIGAL.

O Que d'apas en ce visage
Plein de jeunesse & de beauté,
Qui semblent trahir son langage,
Et dementir sa pauureté !

Ce rare honneur des Orphelines
Couuert de ces mauuais habits,
Nous découure des perles fines
Dans vne boëste de rubis.

Ses yeux sont des saphirs qui brillent,
Et ses cheueux qui s'éparpillent,
Font montre d'vn riche tresor :

A quoy bon sa triste requeste,
Si pour faire pleuuoir de l'or
Elle n'a qu'à baisser la teste.

# LE CODICILLE DE DV PORT

## EPIGRAMME

DV PORT à l'aimer me conuie,
Et protefte affez hautement
Que pour prendre foin de ma vie,
Il m'a mis dans fon Teftament.
Mais je me treuue fur mon liure
Plus vieux de quinze ans que du Port.
O! que j'auray de bien pour viure
Quinze ou vingt ans apres ma mort!

## SUR LA CHRONOLOGIE DE MONSIEVR DE LA PEYRE

### EPIGRAMME.

LA PEYRE voulant remonter
De ce temps jusqu'au premier Age;
N'a point d'Autheur à nous citer
Qui vaille son seul témoignage :
Les bonnes mœurs, la pieté
Et l'amour de la verité
Ioints à la science profonde,
L'honneur & la franchise encor
Le font passer à tout le Monde
Pour vn homme du siecle d'Or.

# CONTRE LA IALOVSIE

## STANCES.

SE deffera t'on point vn jour
De ce mal de la fantaisie;
De ce Monstre Ennemy d'Amour,
Que l'on apelle jalousie?

Sans cette peste des plaisirs,
Qui tient toûjours l'esprit en peine;
Le beau sujet de mes desirs,
Viendroit voir les bords de la Seyne.

Au lieu qu'il ne chante par fois
Que dans d'étroites galeries;
Il pourroit de sa belle voix
Toucher l'Echo des Tuilleries.

*Mais*

## DE Mr TRISTAN.

*Mais nous ne verrons point encor*
*Parestre icy cette Merueille,*
*De mesme que les pommes d'or,*
*Elle a son Dragon qui la veille.*

*Ce Ialoux vrayment furieux;*
*Qu'vne aueugle rage possede;*
*Voudroit que luy seul eust des yeux,*
*Ou que la Belle deuint laide.*

*Il est pres d'elle incessamment;*
*Il la tient toûjours par la robe,*
*La nuit il l'embrasse en dormant,*
*De crainte qu'elle se dérobe.*

*Comme son indiscrete amour*
*Le tient toûjours dans la furie;*
*I'ay peur qu'il ne l'étoufe vn jour*
*Dans quelque étrange réuerie.*

# CHANSON.

INGRATE qui veux que je meure;
Il faut contenter ton desir,
Pour te faire plaisir
Ie mourray tout à l'heure.

Cruelle, tu n'as point à craindre
Le bruit que fera mon trépas;
Pour ne t'offenser pas,
I'expire sans me plaindre.

Non, le mal qui chasse mon Ame
Ne te fera jamais de tort:
Ceux qui sçauront ma mort,
Ne sçauront point ma flame.

Au moment que je perds la vie,
Le bien me paroist assez grand
De pouuoir en mourant,
Contenter ton enuie.

# L'AVEVGLE AMOVREVX.

## STANCES.

NOVVELLE image du Printems,
Ieune Astre qui de mes vieux ans
Echaufez aujourd'huy la glace.
O que les autres sont heureux
De voir des beautez, dont la grace
Rend les Aueugles Amoureux !

Estant incapable de voir,
Comment ay-je peu receuoir
L'image de tant de merueilles ?
Mais, ô beau Chef-d'œuure des Cieux,
Elle a passé par mes oreilles,
Ne pouuant passer par mes yeux.

*Je fus pris d'étrange façon;*
*Par le doux office du son*
*A moitié je me laissay prendre:*
*Et ce que le son de la voix*
*Fut incapable de m'aprendre,*
*Ie l'apris auecque mes doits.*

*Admirez de quelle chaleur*
*Pour chercher mon propre malheur*
*A vous connoistre je trauaille:*
*Car je ne treuue qu'à tâtons*
*Ny la grandeur de vostre taille,*
*Ny la rondeur de vos tetons.*

*Mais puis que la félicité*
*D'obseruer mieux vostre beauté,*
*Pour de meilleurs yeux se reserue:*
*Ne craignez point de m'aprocher,*
*Et souffrez que je vous obserue*
*Auecque le sens du toucher.*

# VERS HEROIQVES

## SVR VN REGARD REFVSE.

### MADRIGAL.

PVis qu'Amour a vuidé sa trousse
 A tirer des traits sur mon cœur,
C'est en vain qu'Iris fait la douce,
Ou me traite avecque rigueur.
Sous cét Empire je n'ay garde
De me garentir du trépas;
Ie suis mort soit qu'on me regarde,
Soit qu'on ne me regarde pas.

## POUR UN TABLEAU D'VN AMOVR,

Qui s'arache les aîles, ayant sous ses pieds les marques des Arts liberaux.

## MADRIGAL.

QVELLES violences cruelles
Font qu'Amour brise tous ses dards;
Et s'arache toutes les aîles
Sur les Armes & sur les Arts?
Helas! s'il pleure & s'il soûpire
Le Sujet le merite bien.
L'Interest prend vn tel Empire,
Que celuy d'Amour n'est plus rien.

# VERS HEROIQVES

## POVR MONSIEVR LE COMTE DE SAINT AIGNAN,

*Representant vn Maistre de Musique en vn Ballet.*

## MADRIGAL.

DIGNE Chef-d'œuure en qui les Cieux
Ont assemblé tant de Merueilles,
Que j'aurois enchanté d'oreilles
Sans le mal que m'ont fait vos yeux !
Ie suis fort sçauant en Musique,
Ie sçay mêler la Cromatique
A des chants pleins de nouueauté :
Mais, ô trop charmante Vranie !
Le Concert de vostre beauté
Trouble toute mon armonie.

# LES TERREVRS NOCTVRNES,

Ecrites pour le diuertissemét d'vne grande Princesse, sur le sujet de quelques voyages perilleux que l'Autheur auoit faits pour son seruice.

## ODE.

IE pourrois sans vanité
Faire valoir cette adresse,
Et cette fidelité
Dont j'ay seruy ma maistresse.
Elle a mille apas charmans
Que tout l'Vniuers admire ;
Dont j'ay dit mes sentimens
Pour acroistre son Empire,
Sans redouter le martyre
Qu'on prepare à ses Amans.

# VERS HEROIQVES

J'ay détrompé des Esprits
Qui d'vn raport infidelle
N'auoient guere bien apris
Les vertus qui sont en elle.
En exprimant ses bontez,
Et ses graces infinies,
J'ay changé leurs volontez,
Et fait blâmer les Genies
Qui de noires calomnies
Déguisent ses qualitez.

Protecteurs des innocens
Tesmoins de cét artifice;
Si vous n'estes impuissans,
Punissez cette injustice.
Grands Dieux, on aigrit son cœur
Auec tant de violence
Que si sans plus de longueur
Vous n'en faites la vengeance,
On tiendra vostre indulgence,
Pour vne extréme rigueur.

# DE Mr TRISTAN.

    *C'est à vous qu'elle à recours.*
*Prestez luy vostre tonnerre ;*
*Ou faites pour son secours*
*Reuolter toute la Terre.*
*Terminez ces differens*
*Par des decrets inuincibles :*
*Vous voyez dessus les rangs*
*Des Diuinitez visibles,*
*Vous seriez bien insensibles*
*D'abandonner vos Parens.*

    *Mais j'éuante le secret.*
*Ie craindrois que le Zephyre*
*S'il estoit plus indiscret,*
*Ne s'enuolast le redire.*
*Car l'Esprit que je dessers,*
*Se rend les Demons dociles ;*
*Il tient par tout dans les airs*
*Des sentinelles subtiles ;*
*Il en a dedans les Villes,*
*Il en a dans les Deserts.*

Mm ij

# VERS HEROIQVES

Le Soleil se va perdant,
La splendeur dont il éclate,
Peint là bas dans l'Occident
Vn grand fleuue d'écarlate.
Le jour est prest à finir.
Déja mon ame est saisie
En voyant la nuit venir,
De cette paralysie
Qui trouble ma fantaisie,
Et confond mon souuenir.

O Cieux ! quel fâcheux arest ?
Quel calice faut-il boire
De passer vne Forest
Durant vne nuit si noire ?
Ie ne puis me réjouïr
Eussay-je acquis des Royaumes.
Sans rien voir, sans rien ouïr,
Sans treuuer que des Atomes,
Ie vay voir mille fantômes
A me faire éuanoüir.

*Il a plû sur ces Ormeaux,*
*En entrant dans ce Bocage*
*Ie rencontre des rameaux*
*Qui m'aspergent le visage.*
*Mais cette incommodité*
*Ne me tiendroit guere en peine,*
*Si je sçauois le costé*
*Qu'il faut icy que je preine :*
*Quand treuueray-je la plaine*
*Si je me suis écarté ?*

*Par vn triste changement*
*Que produisent les tenebres,*
*Les Bois & les Elemens*
*Ont pris des habits funebres.*
*Ie suis comme dans vn four,*
*Que la nuit est peu seraine :*
*Pleust aux bons Dieux qu'il fit jour,*
*Et que je fusse en Lorraine*
*Deussay-je y viure en la peine*
*D'y mourir bien tost d'amour.*

# VERS HEROIQUES

*Une ronce m'a piqué,*
*Sous mes pas la terre tremble,*
*Et mon cheval a manqué*
*Des quatre pieds tout ensemble.*
*Nous voila tout embourbez,*
*En une mare inuisible:*
*Mes pistolets sont tombez,*
*Par cette cheute terrible:*
*Et quelque lutin possible*
*Me les aura dérobez.*

*Toutesfois nous les auons*
*Le bassinet sans amorce,*
*Remontons & nous sauuons*
*Si nous en auons la force.*
*Rien ne paroist à nos yeux*
*Que la flame du tonnerre,*
*Et ces vers officieux,*
*Ces petits serpens de verre,*
*Ces petits feux dont la Terre*
*Se pare à l'enuy des Cieux.*

## DE Mr TRISTAN.

*Mon cheual craint de passer,*
*De peur, il ronfle & s'arreste.*
*Des pieds il n'ose presser*
*Les traces de quelque beste.*
*Donnons luy des esperons*
*Pour chasser ce qui l'effroye;*
*Faisons du bruit & jurons*
*En passant par cette voye;*
*Ou bien nous serons la proye,*
*Des Loups de ces enuirons.*

*Des Hyboux chantent là bas.*
*C'est fait, il faut que je meure:*
*Sans doute de mon trépas*
*Ils viennent m'anoncer l'heure.*
*O passage dangereux!*
*Destournez, Dieux debonnaires*
*Les presages malheureux*
*De ces monstres solitaires;*
*Et ne soyez point contraires*
*Aux desseins d'un Amoureux.*

# VERS HEROIQVES

*Mes vœux n'ont point merité*
*Que vostre courroux m'oprime.*
*I'ayme auec fidelité,*
*Et c'est là mon plus grand crime.*
*Mais quoy ? s'il faut reformer*
*Vne ardeur si raisonnable;*
*Si vous defendez d'aymer*
*Ce qui paroist fort aymable,*
*Ie suis bien le plus coupable*
*Que vous puissiez abysmer.*

*Cieux, ayez pitié de moy.*
*Ie suis dans vne Onde noire,*
*Et je treuue que j'en boy*
*Plus que je n'en voudrois boire.*
*Princesse . . . . . . . .*
*A bon droit je me desole;*
*Ie ne verray plus ta Cour*
*Où l'honneur tient son Echole;*
*Ie ne verray plus Marole,*
*Ny Chaté, ny Vernancour.*

*Courage,*

## DE Mr TRISTAN.

*Courage, cela n'est rien;*
*Nous aurons encor vn terme,*
*Mon Coureur nage assez bien*
*Pour gagner la terre ferme.*
*Il va déja sans nager;*
*Pressant vne mole arene;*
*Nous voila hors de danger*
*Et pourrions reprendre haleine,*
*Si dans la maison prochaine*
*Nous treuuions dequoy manger.*

*Hola! tout le monde dort,*
*Et l'ame en songe rauie,*
*Preuoyant que je suis mort,*
*Prend peu de soin de ma vie.*
*Hola! trois & quatre fois,*
*Hola! les Valets d'estable.*
*Ie n'enten que les abois*
*D'vn matin mal acostable,*
*Qui d'vn air peu charitable*
*Répond au son de ma voix.*

# VERS HEROIQUES

*Passons ; l'air tout éclaircy*
*Découure à plein toutes choses ;*
*Et pour chasser mon soucy,*
*L'Aurore épanche ses roses.*
*Ie t'atens auec ardeur*
*Clarté qui r'assures l'ame ;*
*Et detestant la noirceur*
*D'vne nuit digne de blame,*
*Ie benis ta belle flame*
*Comme celle de mon cœur.*

*Voicy la belle Maison*
*De cét homme incomparable,*
*Qui d'heureux, veut par raison*
*Risquer d'estre miserable.*
*Causons son premier réueil*
*Ouurez. On me vient d'entendre ;*
*Ouurez sans tant d'apareil ;*
*Pense-ton me faire atendre ?*
*Ie ne puis plus me defendre*
*De la faim, ny du sommeil.*

## DE Mr TRISTAN.

O braue & charmant Hylas !
Qu'on me donne en diligence
Des œufs frais, vn matelas,
Et trois heures de silence.
Soulage vn peu mes trauaux
Par vn secours si celeste :
Et fay seller des cheuaux
Sans craindre rien de funeste ;
Hylas ! je n'ay pas la peste,
Mais j'ay cent fois plus de maux.

## VERS HEROIQVES

# PAROLES
## POVR CHANTER.

MES yeux preparez-vous à faire des Miracles;
Les soins de nostre amour vont fracħir les obstacles
 Qui jusqu'à maintenant nous ont tant fait soufrir.
Mes yeux apres tant de suplices,
 Vous n'aurez plus qu'à vous ouurir
 Pour ressusciter mes delices
 Que l'absence auoit fait mourir.

 Rauis au doux objet de mille belles choses,
 Nous reuerrons vn teint fait de lys & de roses
 Que jamais les Hyuers n'empeschent de fleurir.
Mes yeux apres tant de suplices, &c.

 Dans ce desir ardent tout delay m'importune:
 Ie ne changerois pas cette bonne fortune
 Au sceptre le plus beau qu'on me voudroit offrir.
Mes yeux apres tant de suplices,
 Vous n'aurez plus qu'à vous ouurir
 Pour ressusciter mes delices
 Que l'abscence auoit fait mourir.

# A MADAME LA DVCHESSE DE GVYSE,

Sur l'arriuée de Monseigneur son Fils à Naples.

## SONNET.

ENcor qu'vn simple Esquif ait porté Monseigneur
Par ce changeant Theatre où l'horreur se promeine,
L'effort des Ennemis & de la Mer hautaine
N'a fait en ce peril qu'éprouuer son grand cœur.

O vous, qui professez auecque tant d'honneur,
La sagesse diuine & la sagesse humaine
Vos vœux sont exaucez, ne soyez plus en peine,
Vostre Fils est sauué par vn rare bon-heur.

Naples qui l'a receu le contemple & l'admire
Elle estime sa barque à l'egal du Nauire
Qui porta de Iason le butin precieux.

Mais, ô digne Princesse en vertu sans pareille,
La puissante faueur que vous auez aux Cieux
De cét heureux succez amoindrit la merueille.

# VERS HEROIQVES

## A LA MESME PRINCESSE

### SONNET.

PRINCESSE merueilleuse, Exemple de sagesse,
Vous qui discernez tout & voyez de si loin:
La Vertu vous exhorte & la Raison vous presse
D'assister vostre Fils dans vn si grand besoin.

La Fortune aujourd'huy le flate & le caresse,
Tout vn Royaume en est le fidele témoin;
Et quoy qu'on puisse dire il faut que l'on confesse
Que sa prosperité depend de vostre soin.

Donnez luy les secours dont il vous solicite:
Vostre honneur, vostre sang, sa gloire & son merite
Ne peuuent en repos laisser vostre Bonté.

S'il ressent les effets d'vne amitié si tendre,
Apres les dignes fruits de vostre Pieté,
C'est le plus digne fruit que vous puissiez atendre.

# SONNET.

CE Heros tout brillant de grace & de valeur
A qui j'ay consacré mes dernieres années;
Ce bel Astre a percé les ombres du malheur,
Et comme vn Dieu luy-mesme il fait ses destinées.

Depuis ce grand peril où l'on le vid resoudre
A brauer l'Espagnol, & les ondes & l'air,
Apres auoir sur l'Eau passé pour vn éclair,
Maintenant sur la Terre il passe pour vn Foudre.

Mais j'apren de trop loing l'honneur de ses combas,
A l'ombre des lauriers je veux suiure ses pas,
Il faut que j'en aproche, il faut que je le voye.

O Puissances du Ciel qui gouuernez mon sort,
Quand je deurois mourir de cét excez de joye,
Ne me differez point le terme de ma mort.

# VERS HEROIQVES

## SVR LA MAVVAISE HVMEVR
d'vne belle Dame, à qui l'Autheur
auoit donné vn Liure de Vers,
qui porte le Titre de
ses Amours.

## MADRIGAL.

D'OV vient qu'on prend ainsi pour moy
Cette humeur si froide & si fiere?
I'ay beau le chercher en ma foy,
Ie n'en treuue point la matiere,
C'est vn injuste traitement.
Mais de ce cruel changement
Il ne faut pas que tu t'estonnes:
L'Astre qui gouuerne tes jours,
Change ainsi toutes les personnes
A qui tu donnes tes Amours.

SVR

## SVR LE TREPAS DE LOVIS LE IVSTE, XIII<sup>e</sup> du Nom.

L'INSOLENTE rigueur des Parques
N'a point éteint ce vaillant Roy,
Dont les plus superbes Monarques
Receuoient naguere la Loy :
De tes pleurs referme la bonde
Passant qui plains son triste sort,
La plus digne Reyne du Monde
Nous fait croire qu'il n'est pas mort :
Car ce beau Sujet de sa flame
Le porte-viuant dans son Ame.

# PROSOPOPEE
## DV MESME ROY
### Sur son Tombeau.

PASSANT pour exprimer ma Gloire
Ce marbre n'a rien d'assez beau,
Mon nom éclate dans l'Histoire
Beaucoup plus que sur ce Tombeau;
I'ay porté dignement le titre,
D'Apuy, de Vainqueur ou d'Arbitre
De tous les plus superbes Rois,
Auec la Balance & la Foudre,
I'aurois tout reduit sous mes loix:
Mais la Mort m'a reduit en poudre.

# A MADAME LA DVCHESSE DE CHAVNE,

Sur le Trépas de Monsieur le Marquis

## DE RENEVAL SON FILS.

### STANCES.

ENCOR que vos ennuis soient sans comparaison,
On n'y peut aporter qu'vn secours inutile;
Vous pleurez vostre Fils auec plus de raison
Que la belle Thetis ne pleura son Achille.

Ce genereux Garçon que l'on porte au cercueil,
Et qui par ses vertus vos déplaisirs irrite,
Pourroit vous défier d'en faire assez de dueil,
S'il falloit que le dueil égalast son merite.

Pour vouloir adoucir cette extréme douleur,
Les plus sages discours sont tels qu'une Chimere :
Car mille Objets d'Esprit, de grace & de valeur
Vous font voir cét Enfant & vous nomment sa Mere.

C'est en vain qu'on voudroit dans ces ressentimens
Sur vn trait si cuisant vous offrir du dictame ;
Pourroit-on mieux treuuer qu'en vos raisonnemens
Le baume qui s'aplique aux blessures de l'Ame ?

D'vn feu vif & subtil vostre Esprit éclairé
Void à plain l'auenir par les choses passées ;
Et ce que nos Ecrits ont de plus épuré
Peut à peine égaler vos premieres pensées.

## DE Mr TRISTAN.

*Mais vous abandonnant à de tristes transports*
*Qu'excitent en vos sens des douleurs si pressantes,*
*Gardez bien d'outrager pour faire honneur aux Morts,*
*Ce que vostre merite a de graces viuantes.*

*Vos yeux assez long temps ont répandu des pleurs*
*Pour en faire cesser l'impetueux rauage ;*
*Ce ne sont pas des Eaux à conseruer les fleurs*
*Que la Nature a mis en vostre beau visage.*

*Par vne auguste Loy que l'on doit reuerer,*
*On peut bien s'émouuoir sur vne perte extréme,*
*Il n'est pas defendu de plaindre & de pleurer :*
*Mais il n'est pas permis de se perdre soy-mesme.*

# VERS HEROIQVES

## A MONSEIGNEVR LE CHANCELIER,

### Sur la Mort de Monsieur le Comte de Laual son gendre.

## SONNET.

DIGNE apuy de Themis, Ministre incomparable
Qui d'vn soin vigilant tiens les loix en vigueur:
Cette ateinte funeste ébranleroit ton cœur,
Si ton Cœur n'estoit point vn Cube inébranlable.

Tu plains auec Iustice vn Heros admirable
Pour la grace éclatante & la haute valeur;
Et quand tu pâmerois d'vn excés de douleur,
L'excés de ta douleur seroit fort excusable.

Mais bien que la Raison t'ordonne de pleurer;
Garde que ta santé vienne à s'en alterer;
Et t'empêche d'agir où l'Estat te conuie.

Tes prudentes clartez, éclairans son Conseil,
Il ne t'est pas permis d'abreger vne vie,
Qui nous est necessaire autant que le Soleil.

## Sur le Trépas de Monsieur
# LE CHEVALIER DE BVEIL,
### Et l'afliction qu'en a receu Madame la Comtesse de Moret sa Sœur.

## SONNET.

LA Mort au pâle teint, ce Monstre inexorable
Qui répandant par tout des matieres de pleurs,
Fauche les plus beaux jours comme on fauche les fleurs,
Vient d'ateindre vne fleur d'vn prix inestimable.

Elle a mis au cercueil vn Heros admirable,
La gloire de Bellonne & l'honneur des neuf Sœurs :
Vn noble Cheualier qui fut incomparable
Entre les grands Esprits, comme entre les grands Cœurs.

O que je plains sa Sœur ! je crains que sa constance
Pour ces grands déplaisirs ait peu de resistance,
Et que cette douleur l'enuoye au monument.

Cette Ame toutefois de grandeur peu commune
En d'autres accidens a fait voir clairement
Qu'elle est inuiolable aux coups de la Fortune.

Sur le Trépas de Monsieur

# DE BEAVMONT,

Qui mourut au Siege de Dole.

## SONNET.

LE Genereux Beaumont est dans le Monument,
Et la France en témoigne vn regret legitime :
Il en fut en sa vie vn aymable ornement,
Il en fut en sa mort vne Illustre Victime.

En vn Siege fameux par nostre mauuais Sort,
La Fortune trahit sa belle Destinée ;
Et laissa lâchement la Vertu sans suport,
Qui comme entre ses bras s'estoit abandonnée.

Du haut d'vne Muraille où l'on le vid monter,
Du costé de la Ville il osa se jetter
Pour joindre l'Ennemy qui ne l'osoit atendre.

Il mourut sans secours, mais non pas sans honneur,
Il fut imitateur d'vn acte d'Alexandre,
Il en eut le courage & non pas le bon-heur.

## Sur la Mort de Monsieur
## LE MARQVIS
# DE PISANI.
## SONNET.

ILLVSTRE & noble sang de France & d'Italie,
PISANI dont le nom brille si clairement,
Encore que ton corps soit dans le monument,
Ta gloire auec tes os n'est point enseuelie.

   Par le soin des neuf Sœurs ton ame fut polie,
Leurs graces éclatoient en ton raisonnement,
Et tu portois par tout le titre hautement,
De frere genereux de la chaste Iulie.

   En cét heureux estat tu ne souhaitois rien
Que mourir en seruant cét inuincible ENGVIEN,
Dont la fatale épée a foudroyé l'Empire.

   Tu mourus le suiuant sous des lauriers épais,
Qu'est-ce qu'en vn Destin l'on peut treuuer à dire
Dont vn Heros si sage a formé les souhais ?

# VERS HEROIQVES

## PROSOPOPE'E
### de Monsieur le Maréchal
# DE GASSION.
## SONNET.

FORMÉ d'vn noble sang, pour illustrer ma Race,
Ie nâquis sous vn Astre influant la valeur,
Et dés mon plus bas âge endossant la cuirace
Pour acquerir du bruit j'afrontay le malheur.

J'allay de tous costez suiure Mars à la trace,
Sans redouter la faim, le froid, ny la chaleur,
Et signalay mon front de cette belle audace,
Où jamais le peril n'a semé la pâleur.

Apres auoir eu part au gain de trois Batailles,
Rompu cent Escadrons, échellé cent Murailles,
Et n'auoir rien tenté sans beaucoup de bon-heur.

Je meurs, mais c'est pour viure à jamais dans l'Histoire,
Puis que l'on ne m'a veu tomber au lit d'honneur,
Qu'apres mon ariuée au Temple de la Gloire.

# POUR MADAME DE C.
## Sur la Mort de son Mary.

### SONNET.

AGREABLE fantôme errant en ma memoire,
Complice ingenieux de mes aflictions,
Montre moy les apas & les perfections
De la chaste Moitié qui fut toute ma gloire.

Entretien moy toûjours dans vne humeur si noire
Que mon ennuy réponde à mes affections:
Dépein moy ses propos, comme ses actions,
Et me dy de sa mort la pitoyable Histoire.

Aymable souuenir de ma felicité,
Ie vay par ta faueur passer en pieté,
Ce Miroir de vertu dont l'Egypte se vante.

Le sein de cette Reyne auec vn peu d'éfort,
A son Mary defunt seruit d'Vrne viuante,
Et je porte en mon Cœur le mien viuant & mort.

# VERS HEROIQVES

## TOMBEAV D'ALEXANDRE LE GRAND.

CELVY de qui la gloire est par tout épanduë,
Du Destin des Mortels épreuue la rigueur;
La Terre pour son Cœur eust trop peu d'étenduë,
Et six pieds pour son Corps n'ont que trop de longueur.

## PROSOPOPE'E D'VN AMANT,
### mal traité de sa Maistresse.

## MADRIGAL.

TANT que je fus viuant rien ne me fut si cher
Qu'un Objet insensible à l'égal d'un Rocher,
Dont l'extréme rigueur me fit toûjours la guerre :
Vn marbre enfin me couure estant entre les morts.
O Cieux ! pourquoy faut-il que toûjours quelque pierre
Soit dans mon cœur ou sur mon corps ?

# VERS HEROIQVES

## TOMBEAV D'VN YVRONGNE de Qualité.

ICY gist vn beuueur dont l'ame estoit rauie
Lors qu'il se remplissoit de vin vieux ou nouueau :
Ie croy qu'il n'auroit point de regret à sa vie
Si quelques muids en perce estoient en son Caueau.

# TOMBEAV D'VN PRODIGVE.
## EPIGRAMME.

ICY gist vn Prodigue, vn sot enflé d'orgueil,
Qui fit plus de pitié qu'il n'auoit fait d'enuie;
Il se laissa manger tout le temps de sa vie,
Et se laisse manger jusques dans le Cercueil.

# VERS HEROIQVES

## PROSOPOPE'E D'VN COVRTISAN.

EBLOVY de l'éclat de la splendeur mondaine,
Ie me flatay toûjours d'vne esperance vaine,
Faisant le chien couchant aupres d'vn grand Seigneur.
Ie me vis toûjours pauure & tâchay de parestre,
Ie véquis dans la peine atendant le bon-heur,
Et mourus sur vn cofre en atendant mon Maistre.

# POVR VN IALOVX d'vne Belle Femme.

## EPIGRAMME.

IALOVX du bel Objet dont je suis amoureux,
En vain ta vigilance à le guetter s'atache :
Argus auec cent yeux ne sceut garder sa Vache;
Crois-tu garder ta femme & tu n'en as que deux ?

# POVR VN PARASITE

CE Pedant Parasite au visage égaré,
Veut qu'on serue sur table à mesme temps qu'il entre,
Et tout ce qu'il aualé est plûtost digeré
Que s'il auoit cent loups enragez dans le ventre.
La faim dans ses boyaux murmure incessamment,
On ne pourroit treuuer vn Monstre plus gourmand,
Quand on le chercheroit de l'vn à l'autre Pole ;
Bref il est transporté d'vn desir si glouton,
Qu'il mordit vne fois vn Passant à l'épaule
A cause qu'il sentoit l'épaule de Mouton.

# PROSOPOPE'E
## D'VNE FEMME,
Assassinée par son Mary Ialoux.

## EPIGRAMME.

LE poignard d'vn Ialoux dans ma gorge fut mis
Pour ce qu'à ses Amis je faisois bon visage;
Ah ! le cruel qu'il est, qu'eust-il fait dauantage
S'il m'eust treuuée en faute auec ses Ennemis ?

# D'VN IOVEVR MALHEVREVX.

## MADRIGAL.

EN cherchant des trois dez le sort auantureux,
Ie n'ay jamais treuué que des points malheureux,
Où les autres faisoient des rencontres prosperes;
Ie tien puis qu'il est vray que les dez sont faits d'os,
Qu'on ne m'a fait joüer que des os de mes Peres,
Et que je fus puny de troubler leur repos.

# PROSOPOPEE
## D'VN HOMME,

Qui mourut d'vne fiéure tierce, pour auoir vsé d'vne poudre d'vn Empyrique.

## MADRIGAL.

IE serois encore viuant
N'estoit vn Medecin sçauant
Que je fis venir à mon ayde:
La peste étoufe l'animal.
Ie ne suis pas mort de mon mal,
Mais je suis mort de son remede.

# PROSOPOPE'E
## D'VN
# HERCVLE
## DE BRONSE,

Qu'vn Sot venoit regarder
atentiuement.

## EPIGRAMME.

I'AY de Monstres hideux netoyé l'Vniuers,
On m'a veu triompher en cent trauaux diuers,
Ma force est sans pareille & ma gloire sans bornes.
Que pretens-tu Philinte apres tous ces exploits?
Croy-tu qu'en te voyant j'auray peur de tes Cornes,
Moy qui n'eus point de peur de celles d'Achelois?

## POVR VN IEVNE CHIRVRGIEN, QVI E'POVSOIT vne vieille Femme.

### EPIGRAMME.

SI tu prens ce Squelete antique,
Pour le pendre dans ta boutique,
Ie tiens que tu n'as point de tort.
Mais quoy, beau joüeur de Guiterre,
Tu veux auant que d'estre en terre
Te coucher au lit de la Mort.

## SUR LA MORT D'VN SINGE

DORINDE vostre Singe est mort;
Mais n'en soûpirez pas si fort;
Vos chambres en seront plus nettes,
Il n'ira plus sur le lit bleu
Porter tous les jettons du jeu,
Et les pates de vos minettes
Pour tirer les marons du feu,
Ne seruiront plus de pincettes.

PROSOPOPEE

# PROSOPOPE'E D'VN SINGE

A vn mauuais Peintre petit & laid.

## MADRIGAL.

N'OBSERVE point tant mon Tombeau;
Tu n'y verras rien d'assez beau
Pour mêler ton Indre à ta Mine.
Fusses-tu le Peintre du Roy,
Vn imitateur de ta mine
N'est rien qu'vn Singe comme moy.

# A MADEMOISELLE LX.

## Le mépris du mépris.

## MADRIGAL.

J'AY veu dans vos petits soû-ris
Des marques d'vn certain mépris;
Mais je n'ay garde de m'en plaindre.
J'aurois grand tort d'en murmurer:
Puis que vos faueurs sont à craindre,
Vos mépris sont à desirer.

L'Autheur estant prié par des belles Dames de leur faire promtement vne piece de Theatre, pour representer à la Campagne, & se voyant pressé de leur écrire le sujet qu'il auoit choisi pour cette Comedie, à laquelle il n'auoit point pensé, leur enuoya les vers qui suiuent.

# VERS HEROIQVES

## SVIET DE LA COMEDIE DES FLEVRS.

### STANCES.

PVIS qu'il vous plaist que je vous die
Le sujet de la Comedie
Que je medite pour vos Sœurs;
Les Images m'en sont presentes,
Les Personnages sont des Fleurs :
Car vous estes des Fleurs naissantes.

Vn Lys reconnu pour vn Prince,
Arriue dans vne Prouince;
Mais comme vn Prince de son sang,
Il est beau sur toute autre chose,
Et vient vestu de satin blanc
Pour faire l'amour à la Rose.

# DE Mr TRISTAN.

*Pour dire quelle est sa Noblesse*
*A cette charmante Maistresse*
*Qui s'habille de vermillon;*
*Le Lys auec des presens d'ambre,*
*Delegue vn jeune Papillon,*
*Son Gentilhomme de la Chambre.*

*En suite le Prince s'auance*
*Pour luy faire la reuerence;*
*Ils se troublent à leur aspect:*
*Le sang leur descend & leur monte;*
*L'vn pâlit de trop de respect,*
*L'autre rougit d'honneste honte.*

*Mais cette Infante de merite,*
*Dés cette premiere visite*
*Luy lance des regards trop doux:*
*Le Soucy qui brûle pour elle,*
*A mesme temps en est jaloux,*
*Ce qui fait naistre vne querelle.*

## VERS HEROIQVES

On arme pour les deux caballes,
On n'entend plus rien que Tymballes,
Que Trompetes & que Clairons
Car auec Tambour & Trompéte,
Les Bourdons & les Moûcherons
Sonnent la charge & la retraite.

Enfin le Lys a la victoire,
Il reuient couronné de gloire
Attirant sur luy tous les yeux
La Rose qui s'en pâme d'aise,
Embrasse le Victorieux,
Et le Victorieux la baise.

De cette agreable entreueuë
L'Absynthe fait auec la Rhuë
Vn discours de mauuaise odeur,
Et la jeune Epine-vinette
Qui prend party pour la pudeur,
Y montre son humeur aigrette.

# DE Mr TRISTAN.

*❦*

D'autre costé Madame Ortie
Qui veut estre de la partie
Auec son Cousin le Chardon;
Vient citer vne médisance
D'vne jeune fleur de Melon
A qui l'on void enfler la panse.

*❦*

Mais la Rose enfin les fait taire,
Par vn secret bien salutaire
Aprouué de tout l'Vniuers:
Et dissipant tout cét ombrage,
La Buglose met les couuers
Pour le festin du Mariage.

*❦*

Tout contribuë à cette Feste,
Sur le soir vn Ballet s'apreste,
Où l'on oit des airs plus qu'humains:
On y danse, on s'y met à rire,
Le Pauot vient, on se retire,
Bon soir, Ie vous baise les mains.

# A MADAME LA DVCHESSE DE....

## EPITRE.

C'EST en vain qu'Amour romp ses armes,
Esteint son flambeau de ses larmes,
Et fait de plaintiues clameurs,
Belle Duchesse je me meurs.
Il faut que par d'autres Orphées,
Il face chanter ses trophées ;
Puis que pressé de m'en aler
Ie ne puis chanter, ny parler.
   En vain les Muses desolées,
Vont à pieds nuds écheuelées ;

Offrans

## DE Mr TRISTAN.

Offrans des vœux pour ma santé,
Quoy qu'il face froid & croté.
La Parque ne s'en fait que rire;
Et je suis contraint de vous dire
Voyant ses mauuaises humeurs,
Belle Duchesse je me meurs.

 L'Art a beau venir à mon aide;
Le mal à vaincu le remede,
La Medecine & ses secrets
Ne font plus en moy de progrés;
Mes poumons ne peuuent qu'à peine
Et je n'ay plus assez d'haleine
Pour vous dire dans ces douleurs,
Belle Duchesse je me meurs.

 Cependant, ô femme adorable,
De qui l'Esprit est admirable,
Et dont toutes les actions
Sont dignes d'admirations;
Le deuoir enfin vous engage,
A faire vn plus heureux voyage,
En des lieux de nege couuers,
Et que vous alez rendre vers:
Car vos yeux ont le priuilege
De fondre la glace & la nege.

 Si l'orgueil pouuoit s'abaisser,
De l'humeur qui me fait tousser:

## VERS HEROIQVES

S'il faloit qu'au mal qui m'étonne,
Et parmy les fueilles d'Automne
Est prest à me faire tomber,
Mon Destin me peut dérober.
Ie pourrois marcher sur vos traces
Auec les Amours & les graces
Qui par vn sentiment jaloux
Ne s'éloignent jamais de vous.
I'irois juger des doctes langues
Qui vous preparent des harangues,
Par qui vos rares qualitez,
Prendront de nouuelles beautez.
I'obseruerois vos reparties
D'vne douceur graue assorties;
Et par qui seront confondus
Les Esprits les plus entendus.
Mais ma fin est toute visible;
Ie sens bien qu'il m'est impossible
D'estre témoin de ces honneurs,
Belle Duchesse je me meurs.

 O que de Concerts magnifiques!
Que de differentes Musiques!
De Luths, d'Epinetes, de Voix,
De Violons & de Haut-bois
Viendront honorer vos Entrées
En ces agreables Contrées!

## DE Mr TRISTAN.

On aura comme au Carnaual,
Tous les soirs ou Ballet ou Bal;
Par tout sera quelque assemblée
Qu'on ne verra jamais troublée
Si l'Amour, ce doux importun,
Ny trouble le sens de quelqu'vn :
Mais quelque spectacle qu'on voye
Dans vne si publique joye.
Quand à moy je ne verray rien,
Et ne sentiray point de bien :
Car, ô Dame tres-honorable
Ie le dis, & suis veritable
Plus que tous les autres Rimeurs,
Belle Duchesse je me meurs.

# VERS HEROIQUES

## A MADEMOISELLE DD.
### EXCELLENTE COMEDIENNE,

Pour luy persuader de monter sur le Theatre.

## ODE.

DI moy qui te peut empêcher
De paresstre sur le Theatre;
Est-ce que tu crains de pecher
En rendant le peuple idolatre ?

Fuy-tu cette profession
Comme suspecte d'infamie ?
Aujourd'huy c'est vne action
Dont la Gloire se rend Amie.

## DE Mr TRISTAN.

*Cette crainte est le sentiment*
*D'vne raison qui n'est pas saine;*
*Depuis que nostre grand Armand*
*Daigne prendre soin de la Scene.*

*Di moy n'a ton pas netoyé*
*Le Cothurne de tous ses vices,*
*Depuis qu'on le void employé*
*Dans ses innocentes delices?*

*Aujourd'huy qu'on la sceu purger*
*De ses matieres de scandale,*
*Il peut estre veu sans danger*
*De ceux qui portent la sandale.*

*Son beau lustre n'est plus terny*
*D'vne libertine pensée;*
*On y void le crime puny,*
*Et la Vertu recompensée.*

C'est où s'étale le beau fruit
Des doctes filles de Memoire :
C'est où sans peine on est instruit
Pour la Morale & pour l'Histoire.

Pourquoy donques differes-tu
De mettre cét Art en usage,
Où la Fortune & la Vertu
S'exprimeront sous ton visage ?

Au sentiment des plus polis,
Tu rendras ta gloire immortelle
Comme la grande Amarillis,
Et comme la docte Isabelle.

De cent Princes qui te verront
Tu seras tout haut estimée,
Et nos Poëtes écriront
Pour soûtenir ta renommée.

## DE Mr TRISTAN.

Ne croy pas que ma vanité
Vueille seconder ton merite,
A gagner l'immortalité,
Dont ma plume te solicite.

Ce ne sera que par hasard
Si dans ces superbes spectacles,
Mes vers quelque fois prennent part
A l'honneur de ces beaux Miracles.

Ie cede à ces doctes rêueurs
Qui par des Lumieres infuses,
Emportent toutes les faueurs
Qu'on obtient à la Cour des Muses.

Ie ne say point ces Vers de choix
Par qui l'oreille est enchantée :
On enuelope des Anchois
De Mariane & de Pantée.

# VERS HEROIQVES

Ie suis presque au rang des broüillons
Qui gastent les plus belles choses;
Qui se piquent aux éguillons,
Et ne cueillent jamais les Roses.

Toutefois le grand Richelieu
Fait quelque estat de mes Ouurages;
Ce qui plait à ce Demy-Dieu
Ne deuroit pas déplaire aux Sages.

Puis vn Comte braue & charmant
Prend quelque plaisir à les lire;
S'ils sont beaux à son sentiment,
C'est toute la gloire où j'aspire.

L'AMOVR

# L'AMOVR TRAVESTI
## en habit de Fille,
### POVR
## MADEMOISELLE DE B.
### EPITRE.

QVE cét Amour me parut beau,
Qui vint sans arc & sans flambeau
Faire éclat de sa bonne mine
Dans vne fourure d'hermine !
Pour moy ie ne le cele pas,
Ie fus charmé de ses apas
Sous cette voûte magnifique,
Dont nous admirions la fabrique.
Il s'enclina vers vn Autel
Comme eust fait vn pauure mortel ;
Luy dont la puissance est si grande
Qu'il n'est deuoir qu'on ne luy rende.
Mais on pouuoit fort aysement
Découurir son déguisement,

# VERS HEROIQVES

Il eſtoit dans ce ſtratageme
Trahy par ſon merite meſme.
Ses yeux qui ſont toûjours actifs,
Sont deux petits brillans ſi vifs
Qu'ils faiſoient fermer la paupiere
A qui ſoûtenoit leur lumiere.
Tant de graces & de beautez,
Rejalliſſoient de tous coſtez,
Autour de ſa jeune perſonne,
Que mon Ame encor s'en étonne.
 Il n'eſtoit là, cét inhumain,
Que pour faire vn coup de ſa main;
Il auoit projeté ſans doute
De mettre quelqu'ame en déroute
Ou de luy donner du poiſon,
Malgré l'eſſay de la Raiſon.
Pour moy, je fus tout preſt à dire,
Sçachant de quelle force il tire
Caché ſous d'aymables atrais;
Amour paſſe, gare les trais.
 Mais j'eus crainte de luy déplaire,
Et poſſible qu'en ſa colere
De ſon flambeau qu'il auroit pris
Il auroit brûlé mon poil gris.
I'aimay mieux garder le ſilence
Qu'éprouuer vne violence.

# EPITRE BVRLESQVE,

Enuoyée vn jour de Caresme-prenant à vne Demoiselle de dix ou douze ans qui s'estoit mise à faire des Vers.

A Vous, ô la Belle des Belles,
Ie veux tracer quelques nouuelles
De qui le tissu variant,
Soit d'vn style doux & riant.
 Mais c'est en vain que je les cherche:
Mon esprit se bat sur la perche
Comme fait vn Emerillon
Qui veut voler le Papillon.
I'ay beau selon nostre coustume,
Grater mon front, ronger ma plume,
Batre des pieds, hausser les yeux,
Atendant des faueurs des Cieux.
Quelque soin que je puisse prendre,
La verue n'en veut point descendre.
En voicy le secret caché,
Tout le Parnasse est débauché;

# VERS HEROIQVES

Les Muses en habit fantasque
Courent sur le Pegase en masque;
Y faisant des chary-varis
Comme ceux qu'on fait à Paris.
   C'est pour vne réjouissance
D'vne fort celebre naissance;
Et l'on ne veut rien épargner
Dans le soin de la témoigner.
Vne petite Muse est née
En cette belle matinée,
Qui par ses aimables douceurs
Ocupe l'esprit des neuf Sœurs.
   Qu'elle est blanche, & qu'elle est bellote!
Il me semble qu'on l'emmaillote,
Et qu'elle imite par ses cris
Celuy des petites souris.
   Tandis que la grosse Talie
Luy fait cuire de la boulie,
Clio qui se veut employer
La remuë auprés du foyer.
Là s'étalent ses petits langes,
Qui sont des Odes de loüanges:
Là se chauffent sur des chenets,
Ses drapeaux qui sont des sonnets,
Auec quelque fine Epigrame
Que l'on tourne deuant la flame.

## DE Mr TRISTAN.

Ie me trompe si son beguin
N'est taillé d'un petit pasquin;
Et mesmes si ces oreillettes
Ne sont deux petites fleurettes.
Elle a des-ja pour bracelets
Deux jolis petits virelets;
Mais quand elle sera plus grande,
Aux Muses je me recommande;
Ie ne crois pas qu'en l'vniuers
On puisse plus treuuer vn Vers,
Tant cette Infante si sublime,
Aura fait encherir la rithme.
On met des-ja sur le métier
Le fil d'vn Roman tout entier
Pour passementer ses brassieres
Qui seront des Oeuures entieres.
Son bonnet sera fait aussi
D'vn Poëme vn peu racourci,
Où l'on verra pour broderie
Tous les Vers d'vne Bergerie.
Ses souliers qui seront fort beaux
Seront sans doute deux Rondeaux;
Et ses bas seront deux balades
Si ce ne sont deux masquarades.
Pour luy faire vn petit tablier,
Vn chant royal se doit plier,

## VERS HEROIQVES

Dont l'enuoy d'vne pointe fine
S'apliquera sur sa poitrine,
Et pour lasset quelque chanson
Ira derriere en limaçon :
Ou si l'on y met des agrafes
Ce seront belles Epitaphes
De qui les jolis anelets,
Seront de petits Triolets.
Sa robe sera Damascée
De quelque nouuelle Odissée;
Et pour beau passement dessus
On mettra six rangs de rebus
Acommodez en Acrostiches,
Afin de parestre plus riche ;
Et pour Poutignac des quadrins
Formez de vers Alexandrins.

 O quelle merueilleuse chose
Nous voila reduits à la prose;
Si nous n'écriuons bien ou mal,
Quelque auorton de Madrigal,
Que voudra nous oster peut estre
La Musette qui vient de naistre,
Mon sens en est hors de son lieu,
C'est pourquoy je vous dis Adieu.

# A MONSIEVR BOVRDON,

## GENTIL-HOMME
de la maison de Monsieur le Comte de saint Aignan.

## EPITRE.

AGREABLE Creature,
Où le soin de la Nature
Ses plus beaux dons a logé
En un petit abregé.
BOVRDON que Minerue Amie
En sa docte Academie,
A comblé de ces presens,
Dont on fait la nique aux ans.
Vien me voir ; je t'en conjure
Par l'Art & par la Nature,

# VERS HEROIQUES

Qui t'ont produit si joly,
Et t'ont rendu si poly.
Vien voir ce quatriéme estage,
Où j'ay fait mon Hermitage
Que la Muse a consacré
Du haut du dernier degré.
Vien sçauoir où se retire
Vn homme qui ne desire
Aucun de ces grands thresors,
Qu'on ouure à tant de ressors.
Vn homme qui ne peut estre
Flateur, Espion, ny Traistre,
Ny debiteur de poulets,
Comme tant d'heureux Valets.
Mais dont la melancolie
Ose tenir à folie
Ce qu'en ce siecle tortu
D'autres tiennent à vertu.
Qui treuue vn bon-heur extréme
A se posseder soy-mesme,
Et regler ses passions
En lisant les actions
De tous ces sages Antiques
Qui viuent dans les Croniques.
   Aussi n'ay-je point de Bien:
Et pour ne te celer rien,

## DE Mr TRISTAN.

La riche tapisserie,
La soye & la broderie
Qui font mon ameublement
Sont des liures seulement
Que je prens & que je quite,
Selon l'humeur qui m'agite.
 I'en ay des masses par tout
Dressez, couchez ou debout.
Babylone l'orgueilleuse
De structure merueilleuse,
Durant sa diuision
Eut moins de confusion:
Et sans te parler Satyre,
Mes liures te feront rire.
 I'en ay sur mon oreiller
Où je viens de m'éueiller.
I'en ay d'assez venerables
Sur des sieges & des tables:
I'en ay d'autres delaissez
Sur des coffres entassez,
I'en ay negligez de sorte
Qu'ils sont derriere ma porte,
Pour estre comme enterrez,
De la poudre denorez.
 Icy, Virgile se montre
D'vne agreable rencontre,

# VERS HEROIQVES

Et couronné d'vn Laurier,
Parle Pasteur & Guerrier.
Tout aupres le docte Horace
S'exprime de bonne grace;
Marquant d'vn style diuin
L'Amour, la Guerre, & le Vin.
Lucain paroît à sa suite,
Par qui l'horreur est déduite,
Qui de massacres diuers
Fit vn Chef à l'Vniuers.
 Plus loing le mignard Catulle
Se plaint du feu qui le brûle;
Comme le noble Exilé
Du feu qui l'a trop brûlé.
De ça l'aymable Arioste
Va faire partir en poste
Quelque Auanturier galand
Dessus son cheual volant.
Et là le Tasse & Petraque
Et d'autres autheurs de marque,
Semblent crier entr'ouuerts,
Qu'on vienne lire nos vers,
Et juger de nos pensées
En ces fueilles ramassées.
 Mais BOVRDON ne pense pas
Que ce soient les seuls apas

## DE Mr TRISTAN.

Par qui maintenant s'inuite
Vn homme de ton merite.
Tes yeux seront regalez
De dix Tableaux étalez,
Qui montrent par auanture
Que j'ay du bien en peinture,
Moy qui mesme par souhait
Fuy d'en auoir en effet.
Icy l'amoureuse Armide,
D'vn air tremblant & timide
Enleue tout endormy
Son trop aymable ennemy.
Amour seruant à sa haine
De Roses fait vne chaîne,
Afin que d'authorité
Le cruel soit arresté.
Pres d'vn fleuue deux Nayades
Par de certaines œillades
Aprouuent le coup heureux
De ce larcin amoureux :
Mais par tout le paisage
Montre que c'est vn Ouurage
Qui tient du noble dessein
Du grand & sçauant Poussin.
 Ailleurs vne illustre Estoille
Qui brille dessus la toille ;

## VERS HEROIQUES

A fait d'vn docte peinceau,
Quelque chose de plus beau
Que dans l'ardeur qui m'allume
Ne peut exprimer ma plume :
Mais ce grand homme ne peint,
Nul sujet qui ne soit saint.
I'ay de luy plus d'vne veille,
Et chaque docte Merueille,
Dont il m'a gratifié,
Rend ce lieu sanctifié.
    Sous ces pieces immortelles
Eclatent des fleurs nouuelles,
Où l'on voit bien que Picart
A fait entrer tout son art.
Les fueilles en sont mouuantes
Et paroissent odorantes,
Tant leurs apas rauissans
Sçauent bien tromper les sens.
    Vien donc BOVRDON je te prie
Loüer cette tromperie,
Et me consoler du bien
De ton aymable entretien.
Mais ne viens pas pour me dire
Ce qu'on fait en cét Empire,
Où les gens du Cabinet
Ne parlent que Lansquenet.

Trève dans nostre pratique
Des sujets de Politique,
Dont les moins interessez,
Discourent toûjours assez.
Mettons nous plûtost à boire,
A ce Comte dont la gloire
Se promene sur mes vers
Aux deux bouts de l'Vniuers.
Ce grand & parfait Modelle
D'vn esprit ferme & fidele,
Ce grand Cœur qui ne craint pas
L'horreur de mille trépas,
Mais qui craint plus que la flame
Les moindres sujets de blâme.
 Sa haute & rare valeur
Ne vient pas d'vne chaleur,
Par qui dans vne mêlée
L'ame puisse estre ébranlée.
On luy void enuisager
Les images du danger
Auec cette quietude,
Que j'aurois dans mon étude.
 Ie croy qu'au fort d'vn combat,
A peine le cœur luy bat
Auec plus de vehemence,
Qu'il n'est émeu quand il dance.

# VERS HEROIQVES

*Il s'auance au premier rang,*
*Moins pour épandre du sang,*
*Que pour gagner cette gloire,*
*Qui suit toûjours la Victoire.*
*Aussi quand deuant ses pas*
*L'ennemy met armes bas,*
*Il semble que par vn charme*
*Sa colere se desarme,*
*Et que ceux qu'il a soûmis*
*Deuiennent tous ses Amis.*
*Mais s'il a des auantages*
*Entre les plus grands Courages,*
*Emporte-t'il moins le prix*
*Entre les plus grands Esprits?*
*Ses lumieres nompareilles*
*Sont d'éclatantes merueilles,*
*Dont on ne peut dignement*
*Parler sans étonnement.*
*Il a cent qualitez rares*
*Qui charmeroient des barbares,*
*Et leur feroient conceuoir*
*La noble amour du Deuoir.*
*Ces choses se deuient mettre*
*Ailleurs que dans vne lettre:*
*Mais j'ay l'esprit si remply*
*De ce Heros acomply,*

## DE Mr TRISTAN.

Que par tout il se debonde,
Le peignant à tout le monde.
Que si j'en parle trop haut,
Pardonne moy ce defaut
Car c'est pour cette Personne
Vn mal qu'il faut qu'on pardonne,
N'en fut-il d'autre en ce temps,
Bon-jour BOVRDON je t'atens.

## SVR
## LA CONVALESCENCE
### & le Retour de ....

## ODE

MVSES compagnes immortelles
Couronnez-vous de fleurs nouuelles,
Et venez faire vostre cour :
Celuy dont le salut fait toutes vos delices,
Le glorieux sujet de tous vos sacrifices,
Le grand Daphnis est de retour.

Vous n'auez plus sujet de caindre :
De tant de maux qui l'ont fait plaindre
En fin le cours est arresté.
Et la Nymphe de Seine apres celle de Loire,
Va porter aussi loin que le bruit de sa gloire,
Les nouuelles de sa santé.

Pour le voir le peuple se presse
Faisant parêtre vne alegresse
Qui n'a point de comparaison.
Et quiconque n'est pas ennemy de la France,
Voyant de ses douleurs l'heureuse deliurance
Bat des mains sur sa guerison.

O que l'Estat prenoit d'alarmes,
Et qu'il eust répandu de larmes
Si la Parque eust fermé ses yeux :
Mais le mal a cessé de luy faire la guerre,
Et nos vœux ont gardé cét Astre de la Terre
D'augmenter les Astres des Cieux.

Qu'il viue encor beaucoup de lustres
Ce Heros dont les faits illustres
Sont la merueille de nos jours,
Ou plustost que cét Astre, où tant de gloire abonde,
Pour la felicité de la moitié du Monde
Ne finisse jamais son cours.

Vu

# VERS HEROIQVES

Qu'à jamais les soins qu'il se donne,
A cette superbe Couronne
Seruent d'ornement & d'apuy,
Et qu'à jamais l'éclat de ses Vertus insignes
Par de nouueaux progrés solicite les Cygnes
A chanter des Hymnes pour luy.

Son immortelle renommée
Du Tage à l'Euphrate est semée,
Et va du Midy jusqu'au Nord,
Il fait parler le marbre & fait taire l'Enuie,
Seroit-il arresté qu'vne si belle vie
Se treuuât sujete à la Mort?

## SVR
## LE BRVIT INCERTAIN
### de la Mort de...
## MADRIGAL.

SI mon Maistre acroist sa fortune
Des dépoüilles de ce Heros
Qu'on tient mort au sein de Neptune,
Que son ame soit en repos :
Mais s'il faut qu'un autre en herite,
Dieu permette qu'il ressuscite.

# D'VN MEDISANT

ON dit que c'est vn Chien qui mord mesme les siens,
Mais je treuue qu'il est d'vne humeur bien cõtraire:
Car à coups de bâton l'on fait crier les Chiens,
Mais à coups de bâton souuent on l'a fait taire.

# CONSOLATION
## SVR VN DEPART.

## MADRIGAL.

O BEAVTE' qu'vn départ aflige
D'vn mal pire que le trépas;
L'Amour aux larmes vous oblige,
Mais la Raison n'y confent pas;

Celuy dont vous pleurez l'abfence
Vous ordonne vn calme plus doux:
Encore qu'il foit hors de France,
Il ne s'éloigne point de vous.

L'Aftre puiffant qui vous affemble,
Vous fera toûjours viure enfemble
Malgré le fort & fa rigueur.

Par les loix d'vne fainte flame
Vous ferez toûjours dans fon Cœur,
Comme il eft toûjours dans voftre Ame.

# CONSOLATION

## A L'VN DE SES GRANDS Amis, afligé d'auoir perdu sa femme, & qui se treuuoit acablé de beaucoup d'autres infortunes.

## STANCES.

CHER Damon, viuante peinture
Du merite persecuté;
La Mort, le Sort & la Nature,
A la fois ont tous atenté
Pour te mettre en la sepulture.

Celuy n'a le cœur guere tendre
Qui mesme sans estre effroyé,
Auec des yeux secs peut aprendre
Les malheurs qui t'ont foudroyé,
Et ne t'ont point reduit en cendre.

# DE Mr TRISTAN.

*Le sepulchre est ta seule enuie;*
*Mais par la malice du Sort,*
*La clarté ne t'est point rauie,*
*Pource que tu treuues la mort*
*Beaucoup plus douce que la vie.*

*Que de cruautez inhumaines,*
*Viennent piquer ton noble cœur!*
*La fiéure brûle dans tes veines;*
*Mais sa violente rigueur*
*N'est que la moindre de tes peines.*

*Objets de sa douceur passée,*
*Portraits d'vn Chef-d'œuure des Cieux,*
*Dont la lumiere est éclipsée;*
*Elle n'est plus deuant ses yeux,*
*Ne soyez plus dans sa pensée.*

# VERS HEROIQVES

Sa constance rendra les armes
Dans la perte d'un bien si cher:
Mais sa tristesse a tant de charmes,
Que je ne sçaurois m'empescher
De donner des pleurs à ses larmes.

O vous dont la rigueur le blâme,
Lors qu'en pleurs il est tout fondu,
Rendez luy son aymable femme,
Rendez luy ce qu'il a perdu
Ou prenez encore son Ame.

Ah! que je hay les injustices
De ces ennemis rigoureux,
Qui par de cruels artifices,
Insultent sur les malheureux
Qui tombent dans des precipices!

Cher

Cher DAMON ne perds pas courage,
Ta Vertu peut vaincre le Sort:
Et durant vn cruel Orage,
Quelque fois on treuue le port
Quand on pense auoir fait naufrage.

## SUR LA MORT D'VNE BELLE
# ANGLOISE
## SONNET.

BELLE & jeune Estrangere, Amante infortunée,
Qu'Amour nous amena des Prouinces du Nord,
Nostre Age est étonné du genereux effort,
Dont tu finis tes maux en ta vingtiéme année.

Lors que tous les Humains t'eurent abandonnée,
Ton Cœur trop glorieux ne pût ceder au Sort,
Et ton noble dépit en courant à la Mort
Iusqu'au dernier soûpir braua la Destinée.

Tu ne balanças point en ces extremitez,
Tu t'afranchis du joug de ces calamitez,
D'vn coup que tout ton Sexe admire auec enuie.

Aussi de tes erreurs on ne te blâme pas :
Car tout le deshonneur qu'on impute à ta Vie,
Se treuue dementy par vn si beau Trépas.

## POVR VNE BELLE GORGE CACHEE.

## MADRIGAL.

Les plus beaux ornemens qui soient en l'Vniuers
  Ne paroissent point sous des voiles,
Le Ciel & le Soleil nous sont tous découuers ;
Et nous voyons l'Iris, l'Aurore & les Estoiles.
  Pourquoy donc cacher d'vn mouchoir
Ce beau Sein composé d'vne nege si dure,
Faut-il par ces rigueurs nous empêcher de voir
  Les Merueilles de la Nature ?

# POUR UNE AMOUR
### Assise en haut lieu.

## MADRIGAL.

ON m'acuse de trop oser,
En adorant l'Objet qui me vint embraser.
Il est bien éleué ce Miracle des Belles :
Mais esperons mon Ame en seruant comme il faut,
L'audace est bien receuë auec des soins fideles,
Le bon-heur où j'aspire est en vn lieu bien haut,
    Mais l'Amour n'a t'il pas des aîles ?

## POVR VN PORTRAIT D'VNE BELLE DAME.

### MADRIGAL.

O Que l'Autheur de ce Portrait
A d'ignorance ou de malice!
On deuroit le mettre en Iustice,
Comme vn Larron pris sur le fait.
Car son Pinceau n'exprimant pas,
Cette Merueille incomparable,
Luy dérobe beaucoup d'apas,
Dont le prix est inestimable.

# VERS HEROIQVES

## POVR VNE IALOVSIE enragée, dans vn Romant.

### SONNET.

DESTINS, faites moy voir vne Ville alumée,
Toute pleine d'horreur, de carnage & de bruit;
Où l'inhumanité d'vne orgueilleuse armée
Triomphe insolemment d'vn Empire détruit.

Faites moy voir encore vne flote abysmée,
Par le plus fâcheux temps que l'orage ait produit,
Où de cent mille voix, dans la plus noire nuit,
La clemence du Ciel soit en vain reclamée.

Ouurez moy les Enfers : montrez moy tout de rang
Cent rauages de flame & cent fleuues de sang,
Et pour me contenter lancez par tout la foudre.

Faites moy voir par tout l'image du trépas,
Mettez la Mer en feu, mettez la Terre en poudre,
Et tout cela, Destins, ne me sufira pas.

## POVR DES FLEVRS DE MINIATVRE, FAITES DE LA MAIN d'vne belle Fille.

## MADRIGAL.

Il n'est point de plus belles choses
    Que ces Lys & ces Roses,
Dont vous nous exprimez la forme & les couleurs :
    Mais pour vous declarer le sentiment des Cœurs
Que vous auez blessez de vos graces diuines ;
Encor qu'au naturel vous traciez bien des Fleurs,
    Vous en marquez mieux les Espines.

## SVR VNE FACHEVSE ABSENCE.

ANAXANDRE en partant me fit vne promesse,
Qu'auant que le Printems se couronnât de fleurs,
Il viendroit par sa joye adoucir ma tristesse,
Et pousser des soupirs qui secheroient mes pleurs.
Roses de ce verger qui vous montrez si viues,
Vous paroissez trop tost pour mon contentement:
   Pourquoy n'estes vous plus tardiues,
Que ne respectez-vous la foy de mon Amant?

# LE MANIFESTE DE LA BELLE INGRATE.

## ODE

AYMABLE Esprit charmant Genie,
Qui flates si bien ces beaux yeux
De qui les hommes & les Dieux
Ont éprouué la tyrannie ;
Sçache que les soins que tu prens
Qui sont si dignes & si grans,
N'obtiendront rien que des suplices :
Et que cét Objet non commun,
Qui merite tant de seruices,
N'en reconnut jamais pas vn.

# VERS HEROIQVES

    Cét Honneur du siecle où nous sommes
De qui la gloire est l'Element,
Met sous les pieds insolemment
La liberté des plus grands hommes,
Et cette Orgueilleuse Beauté
Auecque tant de cruauté
Dispose de nos auantures ;
Qu'elle oblige assez les mortels
Quand elle ouure des sepultures
A qui luy dresse des Autels.

    Tous ceux que l'éclat de ses charmes
Oblige à ton ressentiment,
Seroient heureux en leur tourment
S'ils en osoient verser des larmes :
Mais quoy, la rigueur de ses loix
Oste l'vsage de la voix
Dans les plus sensibles ateintes :
Et de sa haute cruauté
L'on ne sçauroit faire de plaintes
Sans commettre vne impieté.

## DE M^r TRISTAN.

## POVR VNE BELLE MAIN CACHEE.

## MADRIGAL.

Montrez moy la belle Geoliere
Qui tient mon ame prisonniere :
Cette MAIN d'albatre animé.
Si de baisers je l'assassine,
Ce n'est pas pour sortir de la prison diuine
Où je suis renfermé :
Car c'est vne chose assurée
Que je veux qu'elle soit d'eternelle durée.

# PROSOPOPE'E
# DE F. T. L.

ELEVE' dans la Cour dés ma tendre jeunesse,
J'aborday la Fortune & n'en eus jamais rien.
Car j'aymay la Vertu, cette altiere Maistresse
Qui fait braver la peine & méprifer le Bien.

# POVR DES CHEVEVX
## COVVERTS D'VNE COIFE.

## MADRIGAL.

BLONS Cheueux, clairs rayons, dont ce voile funeste
    Enferme la beauté;
Vous estes tout ainsi que le flambeau celeste
Quand vn nuage épais ofusque sa clarté.
    Sortez de ce cruel seruage;
Vous rendrez plus serain le ciel de ce visage,
Où l'Amour s'est placé pour me donner la loy.
    O bons Dieux! quel surcroît de peines!
Est-il en l'Vniuers autre Esclaue que moy
Qui n'ait la liberté de contempler ses chaînes?

# SONNET.

C'EST fait de mes Destins ; je commence à sentir
Les incommoditez, que la vieillesse apporte.
Déja la pâle Mort pour me faire partir,
D'un pied sec & tremblant vient fraper à ma porte.

Ainsi que le Soleil sur la fin de son cours
Paroît plûtost tomber que descendre dans l'Onde ;
Lors que l'homme a passé les plus beaux de ses jours,
D'une course rapide il passe en l'autre Monde.

Il faut éteindre en nous tous frivoles desirs,
Il faut nous détacher des terrestres plaisirs
Où sans discretion nostre apetit nous plonge.

Sortons de ces erreurs par un sage Conseil ;
Et cessans d'embrasser les images d'un songe,
Pensons à nous coucher pour le dernier sommeil.

## A MONSIEVR DE MESPIEV,

Sur sa retraite du Monde.

### MADRIGAL.

IEVNE Athlete, qu'vn saint mépris
De la felicité mondaine,
A fait depoüiller sur l'arene
Où combatent les bons Esprits ;
Il faut que ta constance acheue
Ces guerres qui n'ont point de tréue,
D'vn cœur fidele ardent & promt :
Dieu qui t'inspire & qui t'apelle,
Sur la mesure de ton front
Fait vne Couronne immortelle.

FIN.

## Extraict du Priuilege du Roy.

PAr grace & Priuilege du Roy, donné à Paris le 17. jour de Iuin 1647. Signé Par le Roy en son Conseil, LE BRVN, & seellé du grand seau de cire jaune; Il est permis au Sieur TRISTAN LHERMITE de faire imprimer, vendre, faire vendre & debiter par tel Imprimeur & Libraire qu'il voudra choisir en tous les lieux de ce Royaume: Vn Liure intitulé, *Vers Heroïques de Mr Tristan*: Et ce durant le temps & espace de cinq ans, finis & accomplis, à commencer du jour que ledit liure sera acheué d'imprimer; Et defenses tres-expresses sont faites à toutes personnes de quelque condition qu'elles soient, particulierement à tous Libraires & Imprimeurs, Contreporteurs & Marchands, d'imprimer ou faire imprimer, vendre ny debiter ledit Liure, ny mesme s'ayder du titre d'iceluy pour en faire d'autre, sur peine aux contreuenans de cinq cens liures d'amende, confiscation de tous les exemplaires; le tout comme il est plus amplement declaré esdites lettres.

# LES FORGES
## D'ANTOIGNE',
### A MONSIEVR
### LE BARON DE LAVARDIN.

# LES FORGES D'ANTOIGNE,

## A MONSIEVR LE BARON DE LAVARDIN

### STANCES.

#### I.

VN dans la douleur qui me presse,
Et qui rend mon sort malheureux,
Ces objects qui semblent affreux
S'accordent bien à ma tristesse:
Que ce seiour rempy d'horreur,
Est agreable à ma fureur?
Et que ie trouue de delices,
Dedans la rigueur de mes fers,
A voir en ces lieux de supplices,
Le portrait de mon ame, & celuy des enfers.

A ij

# LES FORGES D'ANTOIGNE,

## A MONSIEVR LE BARON DE LAVARDIN.

### STANCES.

#### I.

VE dans la douleur qui me presse,
Et qui rend mon sort malheureux,
Ces obiects qui semblent affreux,
S'accordent bien à ma tristesse:
Que ce seiour remply d'horreur,
Est agreable à ma fureur;
Et que ie trouue de delices,
Dedans la rigueur de mes fers,
A voir en ces lieux de supplices,
Le portrait de mon ame, & celuy des enfers.

## II.

Ces manoirs funestes & sombres,
Sont les lieux qui sont destinez
Pour la demeure des damnez,
Les Forgerons en sont les ombres.
La Sarte semble l'Acheron,
Ce batteau celuy de Charon:
Ces roües semblent estenduës,
Pour le chastiment des forfaits:
Et ces balances suspenduës,
Sont pour pezer les maux, & les biens qu'on a faits.

## III.

Ce fourneau plus affreux qu'un gouffre,
Vomit des brandons eternels,
Et pour punir les Criminels,
Exhale des flames de souffre.
Le Desespoir me veut tenter,
Afin de m'y precipiter,
Mais l'horreur des feux m'épouuante,
Les flames me glacent le sein,
Et cette exhalaison bruslante,
Effrayant mon esprit, estouffe ce dessein.

## IV.

*Pour diuertir la violence*
*De ma peine & de mes soucis,*
*Ie voy des Cyclopes noircis,*
*Qui s'animant à la cadence,*
*Battent le fer, & font voler*
*Mille estincelles dedans l'air:*
*Quelques fois aussi ie m'arreste,*
*Pour admirer le mouuement*
*D'vn pesant marteau, dont la teste*
*Semble ne se leuer, que par enchantement.*

## V.

*Comme en l'empire des Abeilles,*
*Chacune exerce son trauail,*
*Les vnes vont piller l'esmail,*
*Que les fleurs monstrent sur leurs fueilles,*
*Puis s'en vont auec ce butin:*
*Les autres vont cueillir le thin,*
*Et l'emportent pour le confire;*
*D'autres aussi sans fourrager,*
*S'occupent d'vn soin mesnager,*
*A remplir de nectar leurs cellules de cire.*

## VI.

De mesme icy chacun trauaille,
L'vn prend vn charbon allumé,
Et l'autre d'vn bras enfumé,
Pince le fer de sa tenaille,
Et fait retentir son marteau:
Quelques-vns versent au fourneau,
La mine rousse & sablonneuse,
Que la chaleur consomme en peu;
D'autres qui veillent à la gueuse,
Font couler vn ruisseau, dont les flots sont de feu.

## VII.

Celuy qui conduit tout l'ouurage,
Et donne le commandement,
Loge dans vn appartement,
Beaucoup plus esleué d'estage:
Et d'abord ie creus qu'en ces lieux
Vulcan le forgeron des Cieux,
Aidé du Dieu de la lumiere,
Ayant sceu que Mars & Venus
Soüilloient son lit d'vn adultere,
Les surprit dans ses rets, qui se baisoient tous nus.

## VIII.

Souuent en resuant ie m'escarte,
Et quitte ces antres fumeux,
Pour voir le miroir de ces feux,
Brillants & flottants dans la Sarte:
I'y vois l'image des forests,
Des prez voisins & des guerets;
D'autre costé la perspectiue
De l'air en ses esloignemens
Representez dedans la riue,
Acheue un racourcy de tous les Elemens.

## IX.

Quelques fois aussi ie m'amuse
A voir l'escume & les bouillons,
Des flots qui s'eslancent par bons,
En sautant d'une haute écluse,
Qui presse l'eau dans son courant,
Et rauagent comme un torrent,
Tout ce qui leur fait resistance.
I'entens le murmure de l'eau,
Dont la force & la violence
Sousleue les soufflets, qui grondent au fourneau.

## X.

Des flames le bruit effroyable,
Les precipices de ces eaux,
Le tintamarre des marteaux,
Font vn concert espouuentable :
Puis l'ardente haleine des feux
Rend ces lieux si noirs & hydeux,
Que quand vn Amant s'y promeine,
Dedans l'excez de ses malheurs,
Ou dans les pointes de sa peine,
Il y voit le Tableau de toutes ses douleurs.

## XI.

Depuis que ie sers Carithée,
Que le desir de sa beauté,
La crainte de sa cruauté,
Rendent mon ame inquietée,
Ie n'ay point rencontré de lieux
Si fauorables à mes yeux :
I'y connois l'estat de ma vie,
Et si ie veux finir mon sort,
Je puis choisir dans cette enuie,
Ou des feux ou du fer, pour faire cet effort.

## XII.

Le fer dont la masse allumée
Rougit les obiets d'alentour,
C'est vne image de l'amour
Qui gesne mon ame enflammée :
Cette enclume en sa dureté
Represente ma fermeté ;
Cette riuiere sont mes larmes,
Ce brasier ardent mes desirs,
Ces marteaux mes viues alarmes,
Et ces soufflets ont moins de vent que mes souspirs.

## XIII.

Tous les obiets qu'on y rencontre,
Semblent funestes à mes yeux,
Mais quand Alcandre est en ces lieux,
Et que son visage s'y monstre,
Son entretien doux & charmant
Me rauit de contentement,
Ma peine & mon amour se change,
Mes maux demeurent interdis,
Et par vne merueille estrange,
Ce qui semble vn Enfer deuient vn Paradis.

B

## Compliment d'enuoy.

*Cher Alcandre obiet de ma ioye,*
*Et qui seul chassez mes ennuis,*
*Voyez de l'estat où ie suis*
*Le tableau que ie vous enuoye,*
*Charge des plus tristes couleurs*
*Qui puissent peindre mes douleurs.*
*Lisez ces vers auec caresse,*
*Les receuant d'aussi bon cœur*
*Que celuy qui vous les addresse,*
*Desire estre à iamais vostre humble seruiteur.*

**A. L. C. D. C.**

**Et me fecere Poëtam**
**Pierides, sunt & mihi carmina, me quoque dicunt**
**Vatem pastores, sed non ego credulus illis.**

## ADVERTISSEMENT.

PLVSIEVRS de mes amis ausquels ie ne puis rien refuser, m'ayant demandé les Stances que i'auois autresfois composées sur les Forges d'Antoigné, i'ay creu qu'il me seroit plus vtile & moins pénible de les mettre sous la presse que de les faire décrire. Mais auant que de m'y resoudre, ie les ay voulu soûmettre à la censure des personnes capables d'en iuger. Et pour cet effet ie les ay laissées entre les mains de ceux que ie connoissois auoir assez de franchise & de bonté pour m'aduertir de mes defauts, & pour ne me point dissimuler la verité de leurs sentiments, qui ont esté fort differents sur ce suiet. Les plus critiques ont trouué la description de l'adultere de Mars auec Venus, vn peu trop naiue & trop libre, les autres plus indulgents l'ont approuuée, & m'ont dit que les Poëtes & les Peintres la representant de cette façon i'eusse manqué dans l'expression necessaire si i'eusse vsé de termes plus modestes & plus couuerts que ceux dont ie me suis seruy. Quelques-vns qui ont le goust extrémement delicat, ont trouué que la comparaison que ie faisois des Forgerons aux Abeilles auoit ie ne sçay quoy de trop doux & de trop agreable pour entrer en la description d'vne chose que ie representois si triste & si affreuse, que i'en faisois vn parallele auec les Enfers; & que l'imagination estoit surprise par vn changement si soudain de deux suiets si differents & si disproportionnez. Il y en a d'autres qui ne sont pas moins exacts & moins iudicieux en leur censure, ausquels i'ay proposé cette obiection, qui ont esté d'vn aduis contraire, & qui m'ont empesché de retrancher cette comparaison de mes Stances, disans qu'elle estoit non seulement necessaire à l'expression, mais qu'elle seruoit à l'ornement; que cette diuersité que l'on blasmoit estoit ce qui rendoit sa lecture plus agreable; qu'à la bien prendre elle n'eſtoit pas des Forgerons aux Abeilles, mais ſeulement de leur trauail & de leur œconomie, & de la diſtribution des œuures & des offices que les vns & les autres font dans leurs forges & dans leurs ruches. Que l'on pouuoit bien imiter Virgile dans ſes inuentions ſans crainte d'eſtre repris, & que ſi ce grand Genie auoit comparé dans le quatriéme de ſes Georgiques les Abeilles aux Forgerons, ie pouuois en retournant cette exemple comparer les Forgerons aux Abeilles, n'y ayant pas dauantage de diſſemblance & de diſproportion; que quand meſme la conuerſion de cette comparaiſon ne ſeroit pas receuë de tout le monde, elle ne deuoit pas eſtre pluſtoſt blaſmée, que celle que fait le meſme Poëte dans ſon quatriéme de l'Eneide des Nautonniers & des Soldats d'Enée qui ſe preparent à leur embarquement, aux Fourmis qui battent la campagne pour remplir leur magaſin de prouiſions. La diuerſité de toutes ces raiſons, & la contrarieté de ces opinions m'ayant tenu long-temps en ſuſpens, enfin i'ay pris reſolution d'en laiſſer la deciſion au iugement du Lecteur. Auquel pour finir comme les autres ie diray s'il luy plaiſt, Adieu.

www.ingramcontent.com/pod-product-compliance
Lightning Source LLC
Chambersburg PA
CBHW050422170426
43201CB00008B/507